Sinnespfade zur basalen Förderung

Ganzheitliches Lernen in Projekten für Schüler*innen mit intensivem Förderbedarf

STEPHANIE KAHLE
HEIKE LÜDDE

Verlag an der Ruhr

Impressum

Titel

Sonderpädagogische Förderung – Geistige Entwicklung:

Sinnespfade zur basalen Förderung

*Ganzheitliches Lernen in Projekten für Schüler*innen mit intensivem Förderbedarf*

Autorinnen

Stephanie Kahle, Heike Lüdde

Umschlagfotos und Fotos im Innenteil

Stephanie Kahle, Heike Lüdde

Druck

Heenemann GmbH & Co. KG, Berlin, DE

PEFC-zertifiziert
Dieses Produkt stammt aus nachhaltig bewirtschafteten Wäldern
www.pefc.de

Geeignet für die Klassen 1–9

Nachdruck 2025

ISBN 978-3-8346-4965-2

Inhalt

Vorwort

„Keiner darf zurückbleiben“ ist das erklärte Ziel des Verlags an der Ruhr und daran anknüpfend haben wir uns als Autorinnen die Frage gestellt: **Warum nicht auch Lernwege für Menschen mit intensiverem Förderbedarf visualisieren?**

Mittlerweile sind Lernwege in vielen Unterrichtsfächern etabliert. Sie bieten die Möglichkeit, sich Inhalte im **individuellen Tempo** anzueignen, und erfassen Rückmeldungen. Im Bereich der basalen Förderung waren sie uns jedoch unbekannt, sodass wir begonnen haben, Sinnespfade als basale Lernwege zu konzipieren. Diese werden durch **weiterführende Ideen in heterogenen Lerngruppen** ergänzt. Die „Sinnespfade“ ermöglichen es Ihnen als Pädagogen-Team, mithilfe einer relativ kurzen Vorbereitung **eine individualisierte basale Förderung am gemeinsamen Lerngegenstand** durchzuführen und fortschreitend weiter zu planen. Darüber hinaus können sie aufgrund ihrer Visualisierungsmöglichkeiten unter Einsatz von Beobachtungsbögen auch als fester Bestandteil der Elternarbeit fungieren.
Unterrichtsmaterial für Menschen mit intensiverem Förderbedarf ist immer noch rar. Insbesondere fehlt es an Arbeitshilfen, welche ein Sachthema altersentsprechend und im Sinnzusammenhang mehrschichtig betrachten. Sucht man spezielle Angebote zu einem bestimmten Thema, verbringt man oftmals nicht wenig Zeit mit dem Durchforsten von (wundervollen) Büchern und Internetseiten nach passenden Geschichten, Liedern und Förderideen.
Mit den „Sinnespfaden“ haben wir zu **zehn Themen** verschiedene Lernangebote zusammengefasst, welche eine **variationsreiche Auseinandersetzung** ermöglichen. Dabei wird z. B. die Metamorphose des Schmetterlings in einer Sensorikwanne begreifbar, Wettererscheinungen können mehrsinnlich erfahren werden oder es wird eine winterliche Klanggeschichte gestaltet. Bei der Konzeption haben wir auf Möglichkeiten zur Anpassung an den*die Lernende*n[1] und zur Schaffung gemeinsamer Lernsituationen geachtet. Wichtig ist uns das Miteinander, der **Einbezug verschiedener Sinne** und **die Freude am Lerngegenstand**.

So individuell die Schüler*innen, so flexibel sollte auch der Materialeinsatz erfolgen. Natürlich kann jeder Sinnespfad in der vorgegebenen Abfolge durchgeführt werden. Jedoch kann man – wie bei einem schönen Spazierweg auch – bei interessanten Dingen zurückschauen oder einen Abschnitt am nächsten Tag noch einmal durchlaufen. Ist ein Wegabschnitt dagegen nicht passierbar, wird eine Möglichkeit drumherum gesucht.
Wie auch immer am Ende des Weges die individuellen Fußspuren hinterlassen worden sind, der*die Lernende hat sich mit dem Sachthema auf unterschiedliche Art und Weise aktiv und unter Einbezug seiner*ihrer Sinne auseinandergesetzt.
Innerhalb eines „Sinnespfades“ können Sie prinzipiell alles nutzen, was Ihnen zur Verfügung steht. Wir haben in den folgenden Materialien stets **Musikelemente, Gestaltarbeiten** und Ideen für die **Zubereitung von Getränken und Speisen** als wichtige Komponenten des gemeinsamen Lernens einbezogen und entsprechende Lieder, Geschichten und Rezepte zusammengetragen.
Darüber hinaus haben wir **sensomotorische Angebote** integriert, Ideen für **Kommunikationssituationen** einbezogen und Materialien oder Objekte mit ihren unterschiedlichen Eigenschaften erlebbar gemacht.

Mit dem vorliegenden Material möchten wir Ihnen Unterrichtsinhalte aufzeigen, die sich in unserer pädagogischen Arbeit bewährt haben.
Wir wünschen Ihnen viel Freude beim Entdecken der Sinnespfade und somit beim Erfahren der Welt, im gemeinsamen Handeln und In-Beziehung-Sein.

Stephanie Kahle und Heike Lüdde

[1] Der Verlag an der Ruhr legt großen Wert auf eine geschlechtergerechte und inklusive Sprache. Daher nutzen wir neutrale Formulierungen oder das Gendersternchen, um alle Menschen unabhängig von Geschlecht oder Geschlechtsidentität einzuschließen. In Texten für Schüler*innen finden sich aus didaktischen Gründen neutrale Begriffe bzw. Doppelformen.

Didaktisch-methodische Anmerkungen

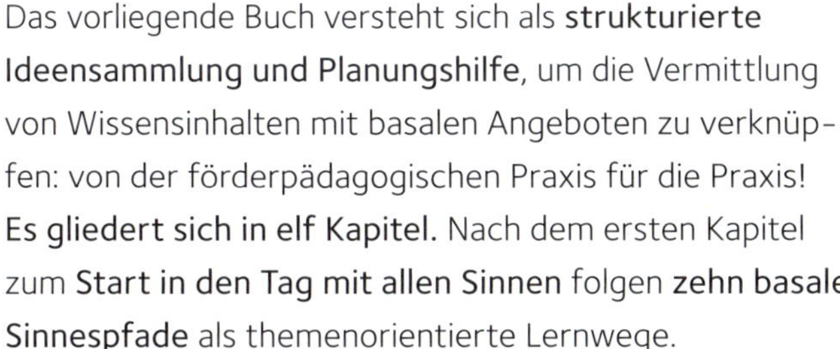

Das vorliegende Buch versteht sich als **strukturierte Ideensammlung und Planungshilfe**, um die Vermittlung von Wissensinhalten mit basalen Angeboten zu verknüpfen: von der förderpädagogischen Praxis für die Praxis! **Es gliedert sich in elf Kapitel.** Nach dem ersten Kapitel zum **Start in den Tag mit allen Sinnen** folgen **zehn basale Sinnespfade** als themenorientierte Lernwege.
Am Anfang jedes Sinnespfades finden Sie zunächst **ein Übersichtsblatt des jeweiligen Lernweges als Kopiervorlage**, welches das Unterrichtsthema und die Förderangebote aufführt. Es folgen **Erläuterungen und Hinweise zur Durchführung** sowie **weiterführende Ideen** für den gemeinsamen Unterricht. Zum Schluss jedes Sinnespfades sind **Beobachtungsbögen sowie Kopiervorlagen** für Rezepte, Lieder, Gestaltarbeiten sowie Massage- und Sinnesgeschichten angefügt.

Zu allen Rezepten finden Sie Fotos der fertigen Gerichte im Download unter

https://www.verlagruhr.de/Sinnespfade-zur-basalen-Foerderung/9783834649652

Lerngruppe

Die zehn Sinnespfade sind für Lernende mit intensiverem Förderbedarf im Sinne einer komplexen „Beeinträchtigung des ganzen Menschen in allen seinen Erlebnis- und Ausdrucksmöglichkeiten“[2] konzipiert.
Aufgrund der Heterogenität von Lerngruppen sind **unterschiedliche Zugriffsweisen auf Inhalte** und eine altersunabhängige Konzeption mit **ritualisierten Abläufen** unabdingbar.

Die hier ausgewählten Themen sind dem Lehrplan entnommen und **entspringen der Lebenswelt der Schüler*innen**. Sie bieten bei differenzierten Lernzielen die Möglichkeit, durch individuelle Zugriffsweisen am **gemeinsamen Lerngegenstand** zu arbeiten. So können z. B. die Rezepte der Sinnespfade mit der gesamten Gruppe bearbeitet werden, wobei diese wiederum so gestaltet sind, dass bild- und schriftlesende Lernende einbezogen werden.

Leitgedanken

Grundlegend für ein **positiv besetztes Gefühlserleben** innerhalb der Arbeit mit den Sinnespfaden ist eine **wertschätzende pädagogische Haltung und Kommunikation** gegenüber den Lernenden. Nur unter diesem Aspekt kann eine Förderung gelingen. Als Voraussetzung gilt dabei das Recht eines jeden Menschen, auf seine Weise zu lernen, wodurch sich der Grundsatz für uns Pädagog*innen ergibt, ihm **individuelle Lernwege** zu ermöglichen.
Im heterogenen Setting bietet hierfür die **fächerverbindende, projektorientierte Arbeit** einen anerkannten Rahmen[3]. Durch eine höchstmöglich eigenaktive Teilnahme und umfassende Teilhabe der Lernenden werden **Möglichkeiten zur Partizipation** geschaffen.
Ganz besonders wichtig ist hierbei die **Bedeutung der Kommunikation**. Wie von Omonsky (2017) beschrieben, stellt jedes Verhalten eine Mitteilung dar und die Lehrperson geht davon aus, von dem*der Lernenden verstanden zu werden. Hierbei gilt es, achtsam zu agieren: durch **respektvolle Zuwendung** sowie Berührung, **geduldiges Abwarten** und **Offenheit für alle Ausdrucksmittel**[4].
Stete sprachliche Begleitung des Handelns und ein entwicklungsorientiertes Antwortverhalten seitens der Lehrperson unterstützt den*die Lernende*n und gibt ihm*ihr Sicherheit. Beispielsweise verbalisiert die Lehrkraft, was gerade geschieht: *„Ich nehme jetzt deine Hände.“* Sie deutet und antwortet auf Signale: *„Du schaust zum Ball. Ich gebe ihn dir.“* Die Ausdrucksformen des*der Lernenden werden für den Förderprozess genutzt: Wo zeigt der*die Lernende Interesse, eine erhöhte Aufmerksamkeit und Neugierde?

Sinnespfade als Lernwege

Jeder Lernweg spricht möglichst **alle Sinneskanäle** der Lernenden an. Die hier vorgestellten Sinnespfade beinhalten Massage- oder Klanggeschichten, Gestaltarbeiten, ein Rezept und Angebote zur weiteren basalen Förderung. In der Unterstützung von Menschen mit intensiverem Förderbedarf gelten neben der Interaktion **drei Bereiche** als wesentlich:

---

[2] *Fröhlich, Andreas:* Basale Stimulation, 7. Auflage. Verlag selbstbestimmtes Lernen: Düsseldorf, 1991, S. 11.
[3] *Omonsky, Claudia:* Schüler mit schwerer und mehrfacher Behinderung im inklusiven Unterricht. Praxistipps für Lehrkräfte. Ernst Reinhardt Verlag: München, 2017, S. 46.
[4] ebd., S. 35f.

- somatische Anregungen, die den gesamten Körper einbeziehen
- vibratorische Anregungen, die das Erleben von Schwingungen ermöglichen
- vestibuläre Anregungen, die das Gleichgewichtsorgan fokussieren[5]

Die hier vorgestellten Angebote dienen als Anregung innerhalb eines **thematischen Kontextes** und sollten individuell auf die Lernenden **abgestimmt werden**.
Sie zielen auf das gemeinsame Erleben und Erfahren eines Themas auf basaler Ebene.
Dabei gilt es nicht, möglichst alle Angebote abzuarbeiten. Ziel ist es, genau zu beobachten, welches Lernangebot welche Reaktion bei den Lernenden hervorruft und so zur individuellen Förderung beiträgt. Demzufolge können Sie einzelne Bestandteile des jeweiligen Sinnespfades wiederholen oder auch auslassen.
Ziel ist eine **auf die Lerngruppe oder einzelne Lernende abgestimmte Zusammenstellung**, welche sich auch im gemeinsamen Unterricht realisieren lässt.
Können Sie bei Ihren Beobachtungen feststellen, dass einzelne Elemente eines Sinnespfades den*die Lernende*n besonders ansprechen bzw. zur individuellen Förderung beitragen, hat es sich bewährt, diese **auf andere Themen zu übertragen** und, geringfügig verändert, wiederholt anzubieten. So kann z. B. eine Sinneswanne mit Wasserperlen im thematisch unterschiedlichen Kontext und dementsprechend anderen Farben angeboten werden.

Lernsettings

Die Sinnespfade lassen sich **innerhalb verschiedener Lernsettings/Sozialformen** ausführen. Auf der Grundlage von innerer Differenzierung können Lernende in der heterogenen Gemeinschaft auf unterschiedlichen Kompetenzniveaus gefördert werden. Sollten Förderziele im Fokus stehen, die in der eigentlichen Klassensituation schwerer umzusetzen sind oder es die räumlichen Gegebenheiten erfordern, bieten sich **weitere Settings** an: die Kleingruppe bei Klassenteilung, eine klassenübergreifende Förderung sowie regelmäßige Arbeitsgemeinschaften und Einzelfördermaßnahmen.

Das vorliegende Material ist hierbei **flexibel einsetzbar**. Einzelne Anregungen können als Förderaktionen entnommen oder mehrere Elemente zu einer Doppelstunde zusammengestellt werden.
Ein Beispiel für ein Setting in heterogener Kleingruppe bei Klassenteilung findet sich z. B. auf S. 33.

Hinweise zur Beobachtung

Zu jedem Sinnespfad gehört ein Beobachtungsbogen. Die Beobachtungsbögen verstehen sich als individuell veränder- sowie erweiterbar.
Aus den Beobachtungsbögen lassen sich Förderziele für den*die Lernende*n ableiten, an denen kontinuierlich gearbeitet werden kann. Auf diese Weise können sie der Reflexion im Teamgespräch dienen und in Elterngesprächen als anschauliches Dokument hilfreich sein.

Entsprechende Beobachtungsbögen finden Sie als Kopiervorlagen in diesem Buch und als Download unter

https://www.verlagruhr.de/Sinnespfade-zur-basalen-Foerderung/9783834649652

Team- und Elternarbeit

Anhand der Lernwege lassen sich individuelle Absprachen im Team treffen. Es hat sich bewährt, den jeweils aktuellen Sinnespfad, so z. B. S. 11, als **Übersicht** sichtbar **im Klassenraum aufzuhängen**. Auf diese Weise haben alle Teammitglieder die geplanten Anregungen innerhalb des Sinnespfades im Blick und die Möglichkeit, sich auf die Förderung der Schüler*innen einzustellen. Außerdem dient die Übersicht des jeweiligen Sinnespfades anschließend als Reflexionsgrundlage.
Um die Transparenz der Förderung zu unterstützen, können diese Übersichten ebenfalls den Eltern ausgehändigt werden. Auch im Distanzlernen haben sich die Übersichten als Strukturierungshilfen erwiesen.

[5] Fröhlich, Andreas: Basale Stimulation, 7. Auflage. Verlag selbstbestimmtes Lernen: Düsseldorf, 1991, S. 137ff.

Allgemeine Hinweise und Tipps zur Umsetzung

- Die hier im Buch angeführten Ideen und Anregungen lassen sich mit wenig Aufwand auch auf andere Themen übertragen. So wird z. B. im Sinnespfad „Winterfreuden" (siehe S. 42–53) ein Murmelbild mit Walnüssen gestaltet. Diese Idee lässt sich im Herbst mit Kastanien ebenso realisieren.
- Eine Umlagerung des*der Lernenden sollte zu zweit und unter Beachtung von Kreislaufbeschwerden erfolgen. Lagerungspositionen sollten mit den Eltern der Lernenden und mit Therapeut*innen abgesprochen werden. Weiterhin gilt es, die (Sitz-)Position bei den einzelnen Angeboten zu überprüfen.
  Bei Sensorikwannen bietet sich z. B. eine erhöhte Sitzposition an, um den Lernenden ein Hineintauchen in das dargebotene Material zu erleichtern.
- Eine stete Aufsicht sollte bei allen angebotenen Methoden gewährleistet sein. Zur Erhöhung der Sicherheit dürfen z. B. Sensorikwannen nur maximal fausthoch mit Wasser befüllt werden und das verwendete Material muss zuvor, insbesondere bei oral erkundenden Lernenden, auf Verschluckbarkeit überprüft werden.
- Verwenden Sie bei Ihren Sinnesangeboten keine Erbsen, da diese über Quelleigenschaften verfügen und zu Erstickungen führen können. Auch Vogelsand ist aufgrund der Gefahr des Einatmens winziger Partikel nicht zu empfehlen.
- Neben den Verschluckgefahren sind Unverträglichkeiten bzw. Allergien abzuklären und zu berücksichtigen.
- Weiterhin sollten Sie gegenüber der taktilen Abwehr oder Ekel seitens der Lernenden aufmerksam sein und mit Variation des Angebots reagieren.
- Insbesondere bei Angeboten mit Utensilien, bei denen Lebensmittelfarbe zur Herstellung verwendet wurde, sollte ein Malkittel oder ein extra für das Fach Kunst vorgesehenes Kleidungsstück getragen werden.

Im Zuge der basalen Förderung sind Berührungen mit Sinnesmaterial, Massagegeschichten und die damit einhergehenden kommunikativen sowie somatischen Anregungen für die Lernenden essenziell, denn sie **stärken die Konzentration, Körperwahrnehmung und Durchblutung**.

Berührungen erfolgen mit warmer und etwas eingeölter Hand, stets mit Respekt sowie vorangegangener Ansprache *(„Schau mal, hier sind weiche Federn, damit streichle ich dich am Arm.")*. Beobachten Sie die Signale des*der Lernenden, um den verwendeten Druck oder das Material anzupassen oder gar das Angebot abzubrechen.
Massagen dürfen nicht bei Krankheit und an entzündeten Hautstellen durchgeführt werden. Ein Druck auf die Wirbelsäule darf nicht erfolgen! Idealerweise sind die Angebote mit Therapeut*innen abzusprechen.

In diesem Buch sind an verschiedenen Stellen auditive Wahrnehmungsangebote integriert. Passende Geräusche/Tierstimmen finden Sie kostenfrei im Internet. Zwei Anbieter, die eine Nutzung im nicht kommerziellen Bereich zulassen, sind z. B.: www.geräuschesammler.de und www.hoerspielbox.de

Förderutensilien

Gerade im Bereich der Motorik- und Kommunikationsförderung sind Hilfsmittel höchst individuell. Im vorliegenden Buch werden zahlreiche Praxisbeispiele aufgezeigt, die eine Bandbreite an motorischen und kommunikativen Anlässen bieten. Diese sollten jedoch stets mit Blick auf die einzelnen Lernenden hinterfragt und nach Bedarf erweitert werden.

Wir haben uns bemüht, für alle verwendeten Förderutensilien Alternativen aufzuzeigen, die folgenden Materialien halten wir jedoch in der basalen Förderung für unabdingbar.

- verschiedene Sprechtasten (z. B. BIGmack)
- Duftölsammlung, Wärmekissen *(Hinweise S. 9)*
- Farblampe, alternativ farbige Tücher
- Therapieklangschale
- Massageutensilien (z. B. Igelball, Vibrationsball)
- CD-Player (oder alternative Abspielgeräte z. B. Toniebox-tonies)

Wir empfehlen eine Grundausstattung an Mehl, Speisestärke, Salz, Speiseöl und flüssiger Lebensmittelfarbe für DIY-Fördermodelliermassen. Hierzu finden sie im Buch Kurzrezepte:

- Salzteig *(S. 18)*, Knete und Oobleck *(S. 96)*
- Spielschnee *(S. 44)*
- Badebomben *(S. 68)*, Spielschaum *(S. 106)*
- Fingermalfarbe *(S. 67)*

Darüber hinaus finden sie nachfolgend weitere lohnenswerte Förderutensilien. Einige DIY-Ideen finden sie im Buch:

- Sensorikflaschen *(S. 44)*
- Sensorikwannen *(S. 13)*
- Sensorikhandschuhe *(S. 76)*
- Sensorikschirm *(S. 77)*
- taktile Scheiben oder Tastbrett *(S. 105)*
- Lichttisch *(S. 78)*
- Trockendusche *(S. 97)*
- Regenrohr *(S. 55)*
- Stempel *(S. 88 und S. 99)*
- Fühlring *(S. 95)*
- Dot-Painting-Flaschen *(S. 57)*
- Musikmatte
- Knistermaterial (z. B. Rettungsdecke aus Verbandskasten)
- Texturbälle, Klangbälle, Greifbälle
- Vibrationskissen
- Vibra-Slap und Perkussionsinstrumente
- Interaktives Spielzeug (z. B. singendes Kuscheltier)
- Seifenblasen(maschine)
- Sandsäckchen und Schweredecke
- große Schaumstoffwürfel
- zur Umlagerung u. a. Wasserbett, Klangliege, Sitzsack, Keilkissen, Stillkissen, Luftmatratze
- zur Mobilisierung u. a. Schaukel, Rollbrett *(S. 87)*, Therapierolle

Abschließend möchten wir auf die Praxistipps für den Bereich Selbstversorgung hinweisen:

- Fruchtsauger *(S. 98)*
- Trinkhilfen *(S. 14/15)*
- Strohhalm *(S. 25)*
- Löffel *(S. 34)*

1. Auftakt: Mit allen Sinnen in den Tag

Die Dimension von Zeit gehört mit zu den abstraktesten schulischen Lernthemen, ist jedoch zugleich naturgegeben täglich präsent. Vor diesem Hintergrund ist das Erlebbarmachen von Zeit für jede*n Lernende*n unabdingbar. Hierbei sollte der Aufbau eines Zeitverständnisses eng an tägliche Routinen und Anschauung gebunden sein.

Erleben der Wochentage

Gewöhnlich beginnt der Schultag mit Ansage des Wochentags und des Datums. Mit allen Sinnen werden diese auf basaler Ebene erfahrbar gemacht. Neben dem Einsatz von Gebärden und einem Morgenspruch bieten sich verschiedene Sinnesmaterialien an, die dem jeweiligen Wochentag zugeordnet sind.
Im Folgenden sind Vorschläge und Beispiele aufgeführt, wie dies gelingen kann.

Morgenspruch:

„Guten Morgen, guten Morgen!",
ruft der ... *(Wochentag nennen)* dir zu.
Wir lachen zusammen – ich und du.

Die Gestaltung der Wochentage erfolgt in den Farben Gelb, Grün, Blau, Rot und Orange. Dazu passende Sinnesangebote komplementieren die basale Erfahrung.

Individuell auf den*die Lernende*n abgestimmt, können hier Farblampen, Tücher u. Ä. zum Einsatz kommen, die durch weitere Wahrnehmungsmaterialien ergänzt werden. Bei diesem Vorgehen ist auf die Reaktion des*der Lernenden zu achten. Bei Missfallen des Geschmacks o. Ä. ist das Angebot zu wechseln. In der unten stehenden Tabelle finden Sie dazu Anregungen.

Wochentag	Sinnesmaterial
Montag	Farbe: Gelb Duft: Zitrone Geschmack: Honig mit Zitrone Gegenstand: Mond
Dienstag	Farbe: Grün Duft: Wald, Fichte Geschmack: Gurke Gegenstand: Blätter
Mittwoch	Farbe: Blau Duft: Lavendel Geschmack: Pflaumenmus Gegenstand: Lavendel, Blüten
Donnerstag	Farbe: Rot Duft: Beerenfrüchte Geschmack: Beeren Gegenstand: Erdbeere
Freitag	Farbe: Orange Duft: Orange Geschmack: Orange Gegenstand: Orange

TIPP: Duftöle

Zur Zerstäubung eignet sich z. B. ein Diffuser oder ein erwärmtes Wärmekissen (Minikissen), welches mit fünf Tropfen Öl beträufelt wird.

Zitronenöl © Sunnydream – Shutterstock.com

Erleben des Tagesablaufs

Zur Erfassung überschaubarer Zeitabschnitte ist eine sprachliche Begleitung des Tuns (jetzt, erst, dann ...) unerlässlich. Das vorhergehende Einbinden von Realgegenständen als Referenzobjekte unterstützt die Vorstellung bestimmter Abläufe (z. B. Jacke vor der Hofpause bereitlegen, Glitzerkugel als Symbol für den Snoezelen-Raum).

Beispielhaft ist im Kasten unten der Tagesablauf für einen Montag gezeigt. Zur besseren Übersicht sind die drei wesentlichen Eckpunkte des Tages aufgeführt. Im stetigen Klassenteam-Austausch wird mit Blick auf die Tagesform des*der Lernenden die Planung konkretisiert.

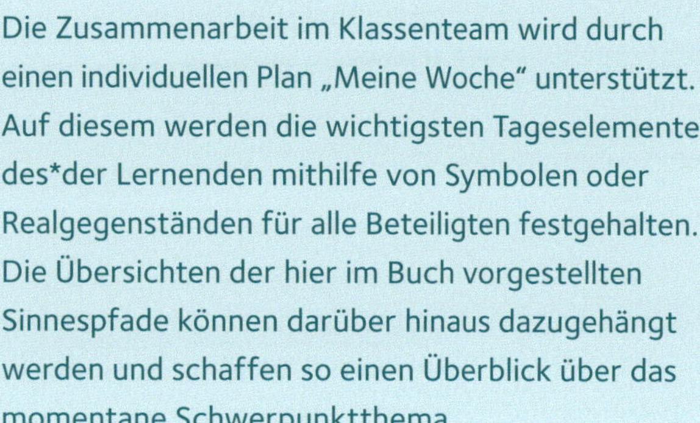

TIPP: Individueller Wochenplan

Die Zusammenarbeit im Klassenteam wird durch einen individuellen Plan „Meine Woche" unterstützt. Auf diesem werden die wichtigsten Tageselemente des*der Lernenden mithilfe von Symbolen oder Realgegenständen für alle Beteiligten festgehalten. Die Übersichten der hier im Buch vorgestellten Sinnespfade können darüber hinaus dazugehängt werden und schaffen so einen Überblick über das momentane Schwerpunktthema.

Die zumeist ritualisierte Besprechung des Schultags in der gemeinschaftlichen Morgenrunde kann zusätzlich durch Realgegenstände unterstützt werden (z. B. Kochlöffel sinnstehend fürs Kochen). Einzelne Arbeitsphasen (z. B. das individuelle Stehtraining) können (sensibel eingeführt) durch das Anschlagen eines Klangstabes begonnen und beendet werden.

In offener Kommunikation findet mit dem Elternhaus ein regelmäßiger Informationsaustausch über Tagesereignisse und das aktuelle Befinden statt. Dies kann über tägliche Aufzeichnungen auf Sprechtasten, in Form von Fotodokumentationen und/oder in Mitteilungsheften erfolgen.

Sinnespfad „Naturschätze“

Fantasiereise mit Sinnesmitte
„Komm mit in den Garten!“

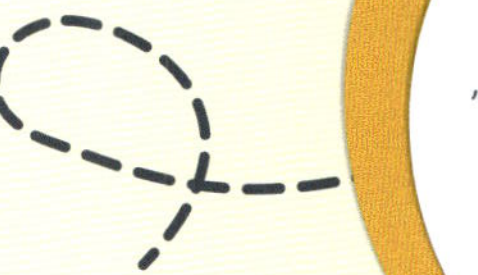

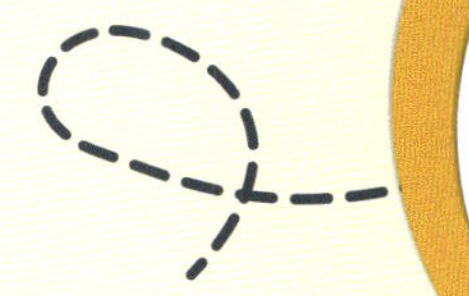

Spaziergang mit Naturschatzsuche
(Natur-Schatzkiste)

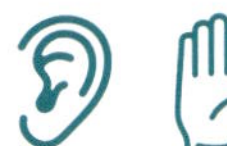

Dekoration aus Salzteig
(kneten, formen, drücken)

Sensorikwannen für Hand und Fuß
(freies Spiel, schütten, löffeln)

Essen und Trinken
(Eistee → Trinkhilfen)

Gestaltarbeiten
(Handabdruckbild „Blumen“, Spülbürstendruck „Löwenzahn“)

Lied mit Klangbegleitung
„Die Vögel singen wieder“
(Streichelmassage)

Sinnespfad „Naturschätze“

Das Wintergrau ist verabschiedet und in den Gärten ziehen bunte Farbtupfer ein. Nicht nur im Garten, sondern überall auf Spaziergängen lassen sich im Frühling und Sommer die Schönheiten der warmen Jahreszeiten entdecken.
Das Aufleben und die Veränderungen in der Natur sind erlebbar. Natürlich bietet es sich an, vielfältige Erfahrungen unmittelbar im Freien zu machen, schöne Ideen lassen sich jedoch auch in den Klassenraum mitnehmen und dort weiterführen. Der folgende Sinnespfad ist so konzipiert, dass alle Naturschätze auf dem Schulgelände oder in unmittelbarer Umgebung zu finden sind.

Mit diesem Sinnespfad lassen sich Anknüpfungspunkte zu wesentlichen Lernbereichen schaffen, u. a.:

- **Natur und Umwelt (Erwachen der Natur, Tierkinder)**
- **Musik und Deutsch**
- **Selbstversorgung, Wahrnehmung und Gestaltet**

Fantasiereise mit Sinnesmitte

Material

- ✔ Duftöl „Frühlingsduft“, „Rose“ o. Ä.
- ✔ Fantasiereise „Komm mit …“ *(siehe Spalte rechts)*
- ✔ Dinge aus dem Garten, z. B. ein Stück Wiese in einer Pflanzschale, Blumenstrauß (ggf. mit Zweigen) o. Ä.
- ✔ optional: grünes Laken, Picknickdecke, Spielfiguren (Vögel, Biene), Wärmelampe (alternativ: kleines Wärmekissen, Sonne aus Pappe), Sprechtaste mit Vogelgezwitscher *(Bezugsmöglichkeiten für Geräusche siehe S. 7)*

Durchführung

Führen sie das Thema an die Lerngruppe angepasst ein: Die Lernenden riechen die Düfte der Natur (z. B. Rosenduft) und sehen verschiedene Farben. Für eine ganzkörperliche Erfahrung kann der*die Lernende nach Ansprache in ein grünes Laken gehüllt werden. Die Lernenden befinden sich in gemütlicher Sitz- oder Liegeposition auf einer Picknickdecke. Dinge aus dem Garten werden im Blickfeld der Lernenden platziert und zum Schluss zum Fühlen angeboten. Sie hören vertraute Stimmen beim Vorlesen. Beim zweiten Vorlesen können an entsprechend fettgedruckter Stelle Sinnesangebote unterbreitet werden.

<u>Fantasiereise:</u>

Komm mit in den Garten!

Schließe die Augen. Stell dir vor, wir liegen mit einer **Decke** auf der Wiese.

Das Gras leuchtet im prächtigen Grün. //

Du siehst kleine Gänseblümchen, Löwenzahnblüten und andere **Blumen** als kleine Farbtupfer überall.

Ganz hinten im Garten blüht der Kirschbaum weiß, in voller Pracht – und vorne am Zaun die Forsythien so gelb wie die Sonne! //

Du hörst die ersten Bienen summen „ssssssss“ und die **Vögel zwitschern** ihre Lieder. //

Du spürst die warmen **Sonnenstrahlen** im Gesicht und denkst:

So ein wunderbarer Tag im Garten!

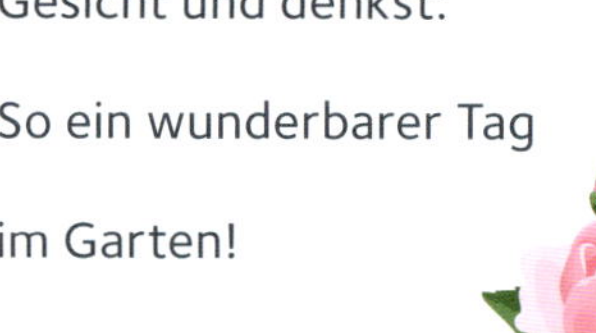

Spaziergang mit Naturschatzsuche

Material

- ✔ Arbeitsblatt „Naturschätze“ *(siehe S. 19)*
- ✔ Bleistift und Schreibunterlage

Für die Sammlung der Naturschätze

- ✔ leerer 6er-Eierkarton
- ✔ Papier, Schere und Kleber
- ✔ ggf. grüne Farbe und Pinsel

Durchführung

Die Lernenden begeben sich in Gemeinschaft auf Entdeckungsreise durch den Schulgarten oder den schulnahen Park. Mitschüler*innen können als Lernpartner*innen fungieren und auf der Kopiervorlage „Naturschätze“ abhaken, was man während der Spazierrunde gesehen hat.

Ergänzend werden Naturmaterialien in einem Eierkarton gesammelt, der mit dem Deckblatt „Meine Natur-Schatzkiste“ beklebt und grün bemalt wurde. Es können die abgebildeten Dinge gesucht werden oder frei wählbare.

Weiterführende Ideen

- Zuordnungsübungen: Gegenstand → Foto → Abbildung
- Farbzuordnungsübungen: gesammelte Naturschätze auf verschiedenfarbigem Papier nach Farben sortieren
- Ausstellung mit Naturschätzen, z. B. geordnet in Untergruppen (Frühblüher, Laub von Bäumen, Wildkräuter …)

Dekoration aus Salzteig

Material

- ✔ Rezept für „Dekoration aus Salzteig“ und dort aufgeführte Zutaten und Utensilien *(siehe S. 18)*
- ✔ Blüten und kleine Blätter

Für die Aufhängung

- ✔ Holzspieß und Faden
- ✔ ggf. Treibholzstock o. Ä.

Durchführung

Blüten und kleine Blätter werden frisch gesammelt und mit ihnen die Salzteiganhänger gemäß Anleitung gemeinschaftlich gestaltet. Die Anhänger können nach der Trocknung z. B. an einen Treibholzstock gehängt werden.

Weiterführende Ideen

- Gestaltung eines Muttertaggeschenks mit Grußkarte
- Gestaltungsarbeit und Zählübung: tellergroßer Marienkäfer aus Salzteig (bemalt in Rot), mit schwarzen Muggelsteinen Punkte legen

Sensorikwannen für Hand und Fuß

Material

- ✔ Wannen/Körbe aus Plastik und/oder Naturmaterial (z. B. Rattan), etwa 45 x 30 x 8 cm und größer
- ✔ Kehrschaufel und Besen
- ✔ Materialien zum Befüllen *(siehe Vorschläge Tippkasten „Arbeit mit Sensorikwannen“)*

TIPP: Arbeit mit Sensorikwannen

Sensorikwannen bewirken ein Zusammenspiel aller Sinne. Hierfür eignen sich flache Wannen aus Plastik, beispielsweise die Boxen „Trofast“ des Möbelladens Ikea. Für Naturmaterialien wie Kastanien bieten sich flache Rattan-Flechtkörbe an.

Je nach Höhe der verwendeten Wanne sollten sich die Lernenden in erhöhter Sitzposition befinden. Verfügt der*die Lernende über einen Stehtrainer mit integrierter Tischwanne, können die Naturschätze selbstverständlich auch darin angeboten werden. Darüber hinaus hat es sich bewährt (natürlich nur, wenn dies den motorischen Fähigkeiten der Lernenden entspricht!), Sensorikwannen in Bauchlage – gestützt durch ein Keilkissen – anzubieten. Wir empfehlen dabei die Reduktion der Sinnesmaterialien auf einen Naturgegenstand.

Beliebtes Sensorikwannen-Füllmaterial ist gefärbter Reis. Ebenso nutzbar sind verschiedene Nudeln, Bohnen oder Mais. Zum Einfärben von Reis nutzt man je nach gewünschter Farbintensität einige Tropfen flüssige Lebensmittelfarbe und einen Teelöffel Essig je Kilogramm Reis.
Der Reis wird mit der Lebensmittelfarbe und dem Essig beträufelt und in einer verschlossenen Schüssel bis zur vollständigen Durchmischung geschüttelt. Danach wird er zum Trocknen auf Zeitungspapier ausgebreitet oder bei 50 Grad 10 Minuten lang im Backofen gebacken.
Für ein besonderes Erlebnis wird der Reis vor dem Bespielen mit etwas Duftöl beträufelt.

Durchführung

Gestalten Sie die Sensorikwannen unter entwicklungsorientiertem Einbezug der Lernenden. Die fertigen Sensorikwannen können unter steter Aufsicht auf vielfältige Weise, sowohl stehend, sitzend als auch in Bauchlage mit Keilkissen, erkundet sowie frei bespielt werden und führen zu verschiedensten Sinneseindrücken.

Nachfolgend finden Sie Materialtipps zum Befüllen sowie vier Ideen für Sensorikwannen zum Thema „Garten“. Diese verstehen sich als Vorschläge und können individuell an die Lernenden angepasst werden.

Thema der Sensorikwanne	Materialien
kleiner Gartenbaum (freies Spiel)	eingefärbter Reis, Zweige, Blätter, Vogelfiguren
Löwenzahn und Gänseblümchen (löffeln, schütten)	Wasserperlen oder Muggelsteine, Löffel, an der Öffnung mit Tonpapier-Blüten beklebte Becher
Schmetterling (freies Spiel)	Wackelpudding, Raupen- und Schmetterlingsfiguren *(z. B. Nudeln)*
Gartenarbeit (graben, schütten)	Linsen und diverse Schüttmaterialien

Weiterführende Ideen

- Lernangebote zu Bestandteilen und Funktion des Baumes: Lebensraum, Schattenspender …
- Lernangebote zum Boden als Lebensraum
- Lernangebote zur Entwicklung von der Raupe zum Schmetterling
- Übungen zur Handmotorik: Schreiben in Reis
- Gestaltangebote mit Reis: Erstellung eines Fühlbildes mit Bastelkleber und Reis

Essen und Trinken

Material

- ✔ Rezept für „Pfirsich-Eistee“ und dort aufgeführte Zutaten und Utensilien *(siehe S. 20)*

Durchführung

Anhand des Rezeptes wird der Eistee unter entwicklungsorientiertem Einbezug der Lernenden zubereitet und im Becher oder in einer Trinkhilfe angereicht.

TIPP: Trinkhilfen

In Absprache mit der logopädischen Betreuung der Lernenden können verschiedene Trinkbecher bzw. -tassen eingesetzt werden, welche die Mundmotorik, das Halten eines Bechers und den selbstständigen Trinkvorgang unterstützen.

Dazu gehören:

- ✔ Rillenbecher
- ✔ Becher mit Haltegriffen

- ✔ Becher in angeschrägter Form
- ✔ Becher mit Nasenausschnitt
- ✔ Schnabeltassen (mit kurzem oder langem Mundstück)

Ist der Trinkprozess stark eingeschränkt, können in Säfte o. Ä. getränkte Mundpflegestäbchen an der Innenseite der Lippe ausgedrückt werden und so Geschmackserlebnisse schaffen.

Weiterführende Ideen

- Lernangebote zur gesunden Ernährung: Bedeutung einer ausreichenden Trinkmenge für die Gesundheit, Getränke ohne Industriezucker als Alternativen zu Wasser
- Lernangebote zum Steinobst Pfirsich

Gestaltarbeiten

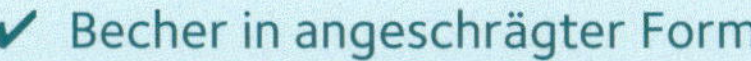

Material

- ✔ CD mit Frühlings-/Sommerliedern, CD-Player oder alternatives Abspielgerät, ggf. Toniebox-tonies
- ✔ deckende Malfarben und -utensilien
- ✔ feuchter Waschlappen, Handtuch zum Abtrocknen

Zusätzlich für das Handabdruckbild

- ✔ Tonkarton (ca. 200 g/m²) im DIN-A3-Format (hellblau)

Zusätzlich für das Druckbild mit Spülbürste

- ✔ Tonkarton (ca. 200 g/m²) im DIN-A3-Format (weiß, alternativ: schwarz, wenn Pusteblumen gedruckt werden)
- ✔ Spülbürste (ggf. zwei Bürsten, wenn sowohl gelbe als auch weiße Löwenzahnblüten gedruckt werden sollen)
- ✔ kleine Schale
- ✔ ggf. Tonkarton (ca. 200 g/m²) (grün)
- ✔ ggf. Schwamm

Durchführung

Einleitend erklingen Frühlings- oder Sommerlieder und die Lernenden betrachten die von Ihnen bereitgestellten Materialien. Sie werden mündlich darauf eingestimmt, zu gestalten. Die Lernenden sind entwicklungsorientiert in den Gestaltprozess einbezogen. Zum Abschluss der Gestaltarbeit wird ritualisiert eine Handwaschung (am Waschbecken oder in der Waschschale) durchgeführt.

1. Handabdruckbild „Blumen"

Die Handinnenfläche des*der Lernenden ist samt Fingern vollständig mit grüner, deckender Malfarbe eingepinselt. Der Handabdruck wird im unteren Teil des Blattes angebracht.

Mit einem anderen Grünton kann die Wiese gestaltet werden. Mit farbigen Fingerabdrücken werden anschließend die Blütenköpfe gestaltet.

2. Druckbild mit Spülbürste „Löwenzahn"

Der Tonkarton wird mit grüner Farbe komplett bemalt. Es bietet sich an, die Farbe mit den Händen oder einem Schwamm zu verstreichen. Nach dem Trocknen werden die Löwenzahnblütenköpfe mit einer Spülbürste gedruckt. Dazu wird die Plakatfarbe zuvor in eine kleine Schale gefüllt, in welche der Spülbürstenkopf eintauchen kann. Alternativ oder ergänzend können Löwenzahnblätter aus grünem Papier gerissen und aufgeklebt werden. Ist die Jahreszeit entsprechend so vorangeschritten, dass beinahe nur noch weiße Pusteblumen auf der Wiese zu sehen sind, ist ein Druck der weißen Blüten auf schwarzem Tonpapier eindrucksvoll.

Weiterführende Ideen

- Lernangebote zum Lebenszyklus des Löwenzahns
- Gedicht „Verblühter Löwenzahn“ von Josef Guggenmos

Lied mit Klangbegleitung

Material

- ✔ Kopiervorlage „Die Vögel singen wieder“ *(siehe S. 21)*
- ✔ Klangschale (alternativ: Triangel)
- ✔ Xylofon mit Schlägel
- ✔ Deko-Vögel, gerne auch Nest mit Eiern
- ✔ (schwarze) Federn

Durchführung

Die Lernenden werden durch Realgegenstände (Deko-Vögel und/oder Nest mit Eiern) auf das Lied eingestimmt. Der Liedtext wird mithilfe einer Klangschale und eines Xylofons akzentuiert begleitet. Auf der Vorlage finden Sie in dem Text an entsprechenden Stellen fett gedruckte Silben, die Sie mit den Instrumenten betonen. Sind die Lernenden mit den Instrumenten vertraut, wird das Lied unter Einbezug der Schüler*innen wiederholt. Die Vibration der Klangschale führt beim Anschlagen auf der Handinnenfläche zu einer ganzkörperlichen Erfahrung.

Ergänzend kann nach Liedabschluss das Fliegenlernen der Jungvögel thematisiert und dabei mit einer (schwarzen) Feder nach vorhergehender Ankündigung über die Hand des*der Lernenden gestreichelt werden.
Wird dies toleriert, ist ein Ausstreichen der Arme oder das Streicheln über die Haut am Rücken eine Ergänzung.

TIPP: Streicheln mit Federn

Federn gehören zu sehr sanften Materialien, die vielfältige somatische Anregung geben. Unter Beachtung der Hygienenorm sollten Federn im Handel gekauft und personengebunden eingesetzt werden.

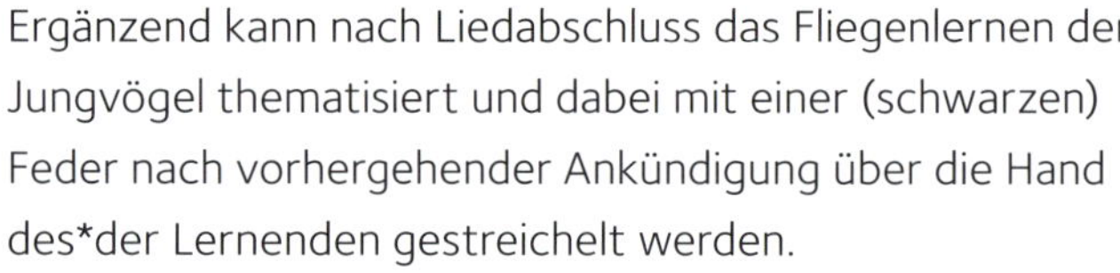

Weiterführende Ideen

- Lernangebote zur Amsel: Steckbrief und Brutverhalten
- Lernangebote zu Tierkindern im Frühling
- Zähl- und Zuordnungsübungen mit (farbigen) Federn
- Wiesenblumen in verschiedenen Farben suchen und notieren (z. B. Klee, Hahnenfuß, Schafgarbe ...)

Beobachtungsbogen zum Sinnespfad „Naturschätze“

Name: .... Schuljahr, Klasse: ....

Der*die Lernende ...	1. Beobachtung	2. Beobachtung
→ zeigt besondere (kommunikative) Aktivität bei:		
Fantasiereise mit Sinnesmitte „Komm mit in den Garten!“		
→ lauscht intensiv		
→ zeigt Interesse an den Naturmaterialien		
Weiteres:		
Spaziergang mit Naturschatzsuche		
→ zeigt Gefallen am Sein in der Natur, zeigt besonderes Interesse an ...		
→ zeigt erhöhte Aktivität – wann?		
→ zeigt Suchverhalten		
Weiteres:		
Dekoration aus Salzteig		
→ zeigt (erhöhte) Eigenaktivität - wann?		
→ zeigt Gefallen am Umgang mit Salzteig		
→ formt mit den Händen – drückt in den Teig		
Weiteres:		
Sensorikwannen für Hand und Fuß		
→ zeigt erhöhte Eigenaktivität – wann?		
→ akzeptiert die verschiedenen Materialien - Welche? Welche nicht?		
→ spielt, schüttet ...		
Weiteres:		
Essen und Trinken – Eistee		
→ trinkt (mit Unterstützung durch?)		
→ zeigt Gefallen am Eisteegeschmack		
Weiteres:		
Gestaltarbeiten – Handabdruck und Spülbürstendruck		
→ akzeptiert das Einstreichen und die Farbe auf der Haut		
→ druckt		
Weiteres:		
Lied mit Klangbegleitung „Die Vögel singen wieder“		
→ lauscht intensiv dem Lied		
→ zeigt Interesse und/oder spielt Instrumente		
→ akzeptiert das/zeigt Gefallen am Streicheln mit einer Feder		
Weiteres:		

Kurzverschriftung der Beobachtungen: häufig ++ / gelegentlich + / selten o / nicht beobachtbar n. b.

Dekoration aus Salzteig

Zutaten

Mehl
(2 Tassen)

Salz
(1 Tasse)

kaltes Wasser
(1 Tasse)

Speiseöl
(1 EL)

frisch gesammelte Blüten und Blätter

Tasse

Schüssel

Esslöffel

Teigrolle

Ausstechformen

falls Ofentrocknung: Backpapier und Backblech

Anleitung

 2 x  +  1 x  → 

die Zutaten kneten

 1 x +  1 x  → 

Der Teig sollte nicht mehr an den Händen kleben, ggf. noch etwas Mehl hinzugeben.

etwa 1 cm dick ausrollen →

Blüten und Blätter andrücken und nochmals den Teig ausrollen, Ausstechen von Formen beim Platzieren der Blüten beachten

  → 

Formen ausstechen und ggf. mit einem Holzspieß je Form ein Loch zum Aufhängen stechen, zum Trocknen auf Backpapier legen

Lufttrocknung empfohlen:
mindestens 2 Tage an der Luft trocknen (einmal vorsichtig wenden)

oder

langsam im Ofen trocknen:

1. bei 60 Grad für 30 min
2. bei 100 Grad für 30 min
3. bei 120 Grad je nach Teigdicke etwa 60 min

Welche Naturschätze siehst du?

Pfirsich-Eistee (1 Liter)

Zutaten

Bei Bedarf: individuelle Hilfsmittel, Messbecher mit Markierung vorbereiten

Anleitung

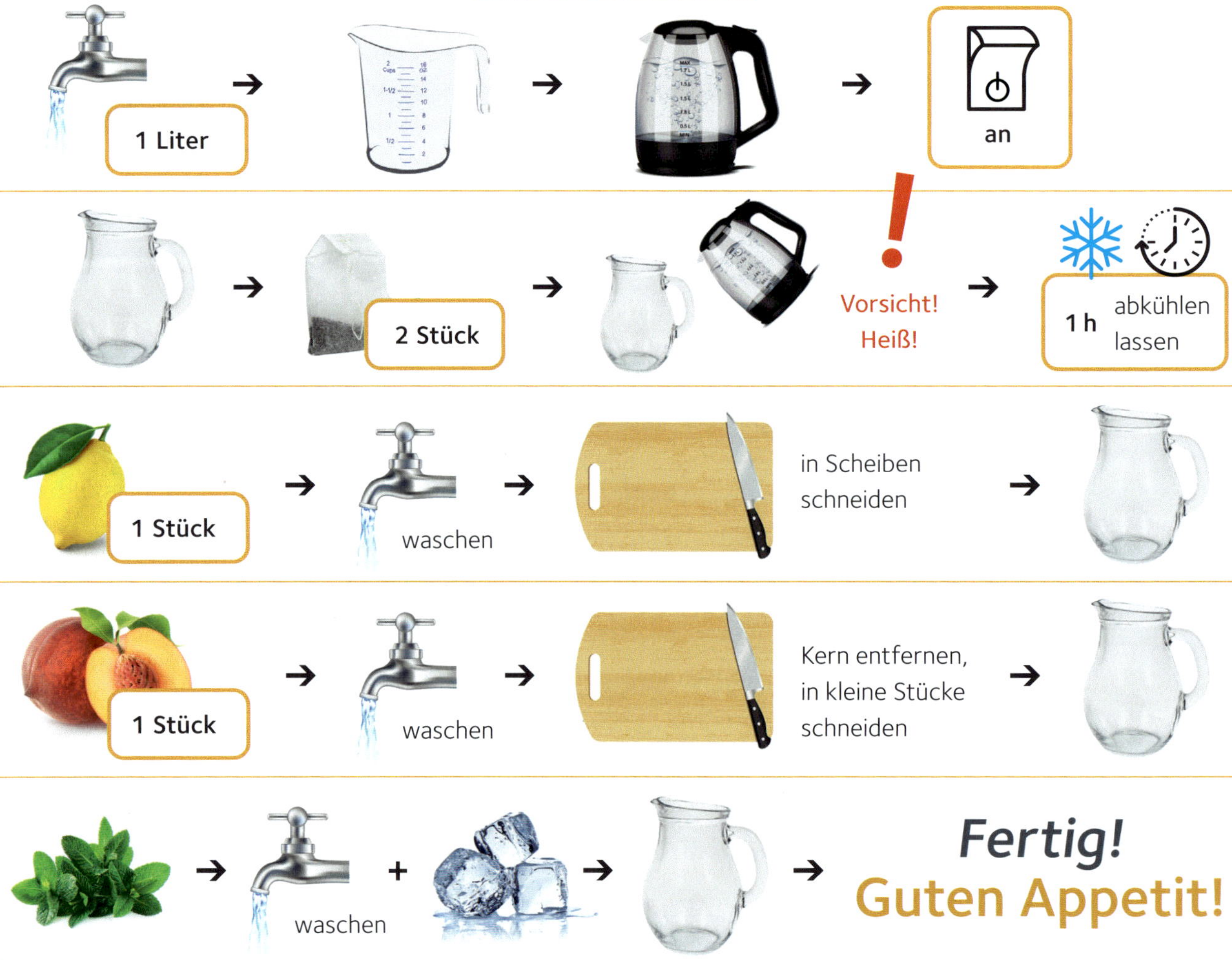

1 Liter → → → an

→ 2 Stück → Vorsicht! Heiß! → 1 h abkühlen lassen

1 Stück → waschen → in Scheiben schneiden →

1 Stück → waschen → Kern entfernen, in kleine Stücke schneiden →

→ waschen + → →

Fertig!
Guten Appetit!

Die Vögel singen wieder

Andante ♩ = 105

Musik: Detlev Jöcker (2001), Text: Rolf Krenzer
Bearbeitung: Lucas A. E. Schmidt

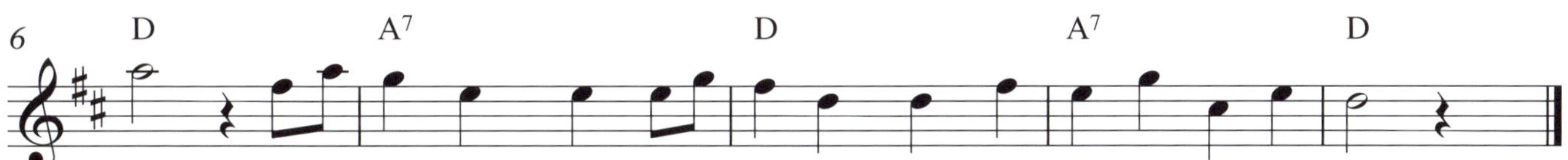

1) Die **Vö**gel singen **wie**der – im **Früh**ling ihre **Lie**der.

Sei still und hör gut zu:

„Ti-ri-**li**, tschip, tschip. Ti-ri-**li**, piep, piep.“

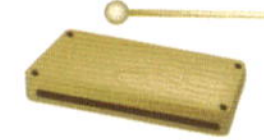 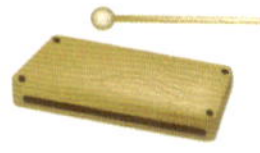

Sei still und hör gut zu.

2) Sie **sträu**ben ihr Ge**fie**der und **sin**gen Liebes**lie**der. Beim ersten Rendezvous:
„Ti-ri-**li**, tschip, tschip. Ti-ri-**li**, piep, piep.“
Beim ersten Rendezvous.

3) Im **Baum** hoch in den **Zwei**gen will **ich** ihr Nest dir **zei**gen. Sie bau'n dort ohne Ruh.
„Ti-ri-**li**, tschip, tschip. Ti-ri-**li**, piep, piep.“
Sie bau'n dort ohne Ruh.

4) Wenn **sie** dann Eier **le**gen, dann **müs**sen sie sie **pfle**gen und brüten immerzu.
„Ti-ri-**li**, tschip, tschip. Ti-ri-**li**, piep, piep.“
Und brüten immerzu.

5) Wenn **erst** die **Klei**nen **schlüpf**en und bis **zum** Nestrand **hüpf**en, dann gibt es keine Ruh.
„Ti-ri-**li**, tschip, tschip. Ti-ri-**li**, piep, piep.“
Dann gibt es keine Ruh.

6) Sie **schrei**en nur nach **Fut**ter. Der **Va**ter und die **Mut**ter, die finden keine Ruh.
„Ti-ri-**li**, tschip, tschip. Ti-ri-**li**, piep, piep.“
Die finden keine Ruh.

7) Und **ler**nen sie erst **flie**gen, wo**ran** mag das nur **lie**gen? Sie können es im Nu!
„Ti-ri-**li**, tschip, tschip. Ti-ri-**li**, piep, piep.“
Sie können es im Nu!

Sinnespfad „Ein Tag am Meer“

Fantasiereise mit Sinnesmitte
„Komm mit ans Meer!“

Materialerfahrung Wasser
(träufeln, gießen, schütten, spritzen, ein Boot schwimmen lassen ...)

Materialerfahrung Sand
(Spuren und Abdrücke hinterlassen, schütten, schaufeln ...)

Sandgeräusche
(eine verschlossene Sandkiste kippen und schütteln, Sand sieben, Sand auf Metall rieseln lassen)

Lagerungswechsel mit Spielreim
„Wellenschaukeln“

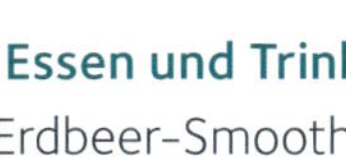

Essen und Trinken
(Erdbeer-Smoothie → Trinken mit Strohhalm)

Gestaltarbeiten
(Sand-Fühlbild „Seestern“, Druckbild mit Luftpolsterfolie „Luftmatratze“)

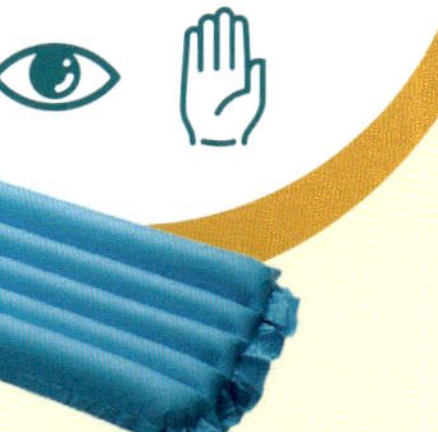
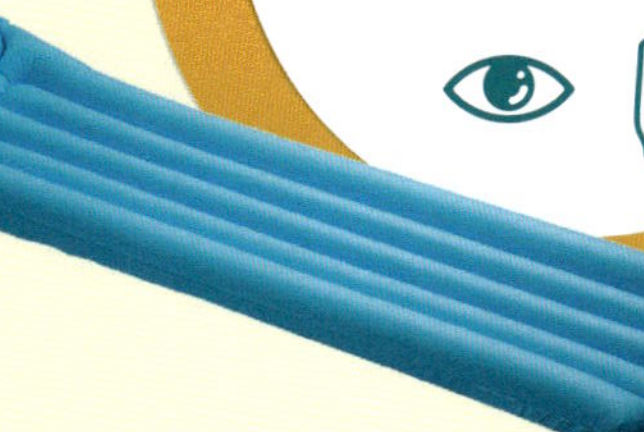
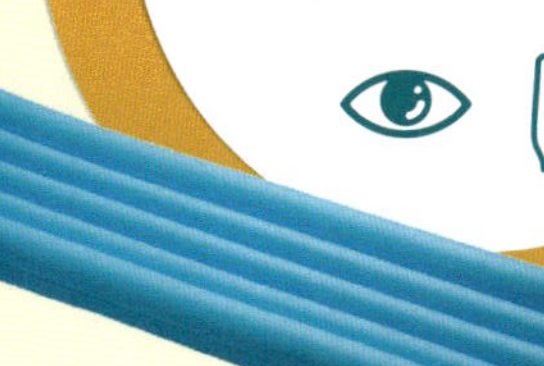
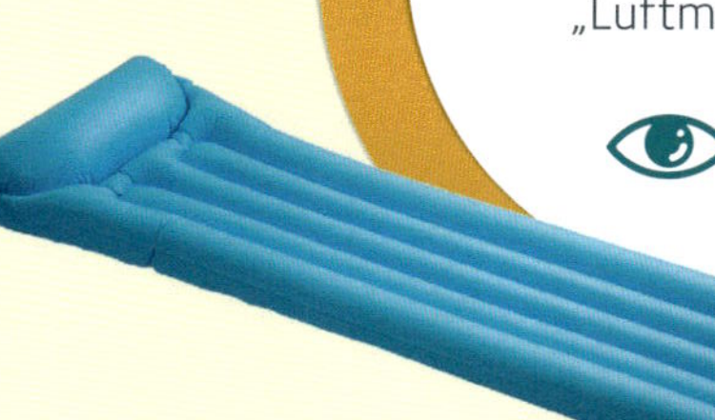

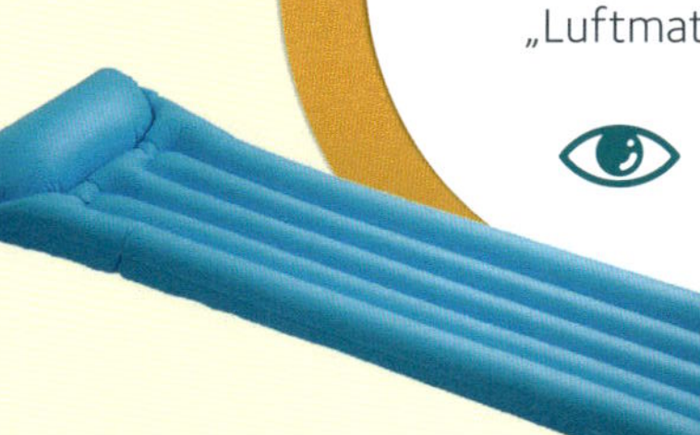

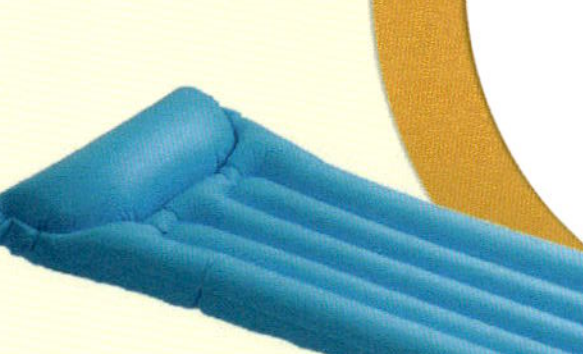

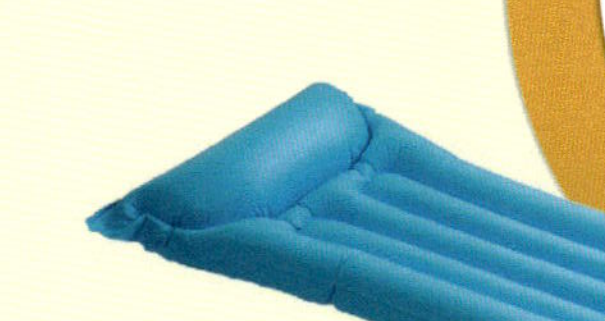

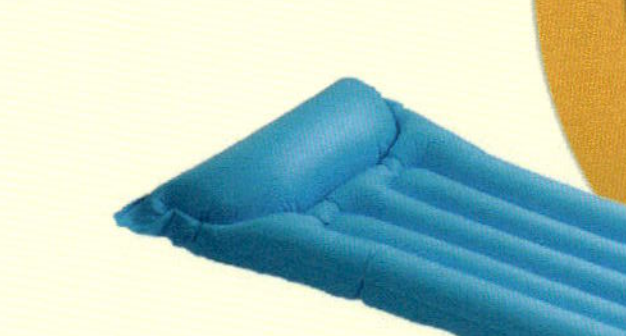

Massagegeschichte
„Am Meer“

Sinnespfad „Ein Tag am Meer“

Der Sommer ist die Zeit der Reisen ans Meer. Erfahrungsgemäß haben jedoch nicht alle Schüler*innen in ihrem Leben schon einmal einen Tag am Meer verbringen können. Im Rahmen des folgenden Sinnespfades kann das Meer zumindest ansatzweise als Ort der Entspannung und Ruhe als auch des Ferienspaßes erlebbar gemacht werden. Im Fokus stehen dabei Materialerfahrungen mit Sand und Wasser.

Mit diesem Sinnespfad lassen sich Anknüpfungspunkte zu wesentlichen Lernbereichen schaffen, u. a.:

- **Natur und Umwelt (Lebensraum Meer, Wasser und Wasserkreislauf, Naturschutz, Experimente)**
- **Körper und Gesundheit**
- **Selbstversorgung**
- **Musik und Gestalten**

Fantasiereise mit Sinnesmitte

Material

- ✔ Duftöl „Meer“
- ✔ Farblampe blau (alternativ: blaues Laken)
- ✔ Fantasiereise „Komm mit ans Meer!“ (siehe unten)
- ✔ Verschiedene Gegenstände zum Thema „Meer“, z. B. Muscheln
- ✔ Sprechtaste o. Ä., bespielt mit Geräusch Meeresrauschen *(Bezugsmöglichkeiten für Geräusche siehe S. 7)*

Fantasiereise:
Komm mit ans Meer!

Schließe die Augen. Stelle dir vor, es ist ein warmer Sommertag. Du bist am Strand. Der Sand fühlt sich unter deinen Füßen warm an. //

Du schaust aufs Meer und riechst das salzige Wasser. Kleine Wellen rollen an den Strand.

Du hörst das Rauschen und spürst den Wind in deinen Haaren. //

So ein Tag am Meer ist wunderbar!

Durchführung

In das Thema wird lerngruppenangepasst eingeführt. Die Lernenden riechen z. B. Meeresduft und sehen die Farbe Blau. Alternativ oder ergänzend zu einer Farblampe, kann ein blaues Laken eingesetzt werden. Für eine ganzkörperliche Erfahrung kann der*die Lernende nach Ansprache in ein blaues Laken gehüllt werden. In einem Sitzkreis befindet sich das blaue Laken in der Kreismitte und wird mit verschiedenen Gegenständen, die an das Meer erinnern, dekoriert.

Das Hören vertrauter Stimmen beim langsamen Vorlesen der Fantasiereise schafft Geborgenheit. Dieses entspannte Gefühl wird beim darauffolgenden Erklingen des Meeresrauschens fortgesetzt.

Weiterführende Ideen

- Lernangebote unter Einbezug von Atlanten/dem Globus zu den Weltmeeren
- Meer-Wörter in Wort/Bild lesen sowie Fische und Muscheln aus Papier gestalten und an das blaue Laken (alternativ: ein blaues A2-Blatt) heften
- zum obigen Gemeinschaftsprojekt Fischnamen erfinden, sich kleine Meeresgeschichten ausdenken und niederschreiben, ggf. vertonen

Materialerfahrung Wasser

Material

- ✔ flache, wasserdichte Wanne
- ✔ Wasser, vorbereitet in Gießkanne o. Ä.
- ✔ Handtuch zum Abtrocknen
- ✔ wasserfeste Unterlage
- ✔ Utensilien zum Gießen und Tränken, z. B. Becher, Kelle, Schwämme …
- ✔ Gegenstände zum Schwimmen und Sinken, z. B. kleine Bälle, Holzboot, Muscheln …

Durchführung

Anknüpfend an die Fantasiegeschichte, erklingt wieder das Meeresrauschen. Sprachlich werden die Lernenden mit dem Satz „Heute gehen wir ins Wasser!" zu diesem Element geführt.
Die Hände des*der Lernenden liegen in einer Wanne. Die Lehrperson tröpfelt und/oder gießt nach Ansprache Wasser über die Hände. Der*die Lernende befasst sich anschließend frei mit dem Material. Nasse Schwämme o. Ä. werden angeboten und ausgedrückt.
Mögliche Eigenaktivitäten des*der Lernenden sind das Patschen ins Wasser, das Gießen und Schütten sowie das Schwimmen-Lassen von Gegenständen.
Es bietet sich an, dieses Element des Sinnespfads im Freien durchzuführen und ganzkörperliche Erfahrungen (im Therapiebecken, im Matschraum o. Ä.) zu ermöglichen.

Weiterführende Ideen

- Experiment: Wasserkreislauf im Gefrierbeutel (Ergänzend kann die Kondensation am blauen Laken gezeigt werden, indem es nass gespritzt und anschließend in der Sonne getrocknet wird.)
- Experiment: Schwimmen und Sinken

Materialerfahrung und Sandgeräusche

Material

- ✔ flache Wanne
- ✔ Sand (vorbereitet in Gießkanne o. Ä.)
- ✔ Utensilien zum Sieben, Schütten, Schaufeln und Bauen, z. B. Sieb, Löffel, Schaufel, Förmchen ...
- ✔ leere Plastikflasche oder leerer Karton
- ✔ Utensilien für Klangangebote z. B. Trommel, Blechdose, Kochtopf ...

Durchführung

Die Hände des*der Lernenden liegen in einer Wanne. Streuen Sie nach Ansprache Sand über die Hände. Anschließend befasst sich der*die Lernende frei mit dem Material.
Mögliche Eigenaktivitäten sind das Rieseln, Sieben, Schütten und Schaufeln des Sandes.
Ein Gemisch aus Wasser und Sand schafft weitere Sinneseindrücke und ermöglicht Bauten aus Sand.

Für Klangerzeugnisse füllen Sie Sand in eine leere Flasche und/oder Karton. Die Lernenden lauschen den durch Neigen und Schütteln erzeugten Klängen des Sandes. Weiterhin können Sie den Sand auf/in verschiedene Gegenstände, wie z. B. eine Blechdose, rieseln lassen.

Es bietet sich an, dieses Element des Sinnespfads im Freien durchzuführen und ganzkörperliche Erfahrungen (im Sandkasten o. Ä.) zu ermöglichen.

Weiterführende Ideen

- Sandsäckchen in der Größe ca. 8 x 8 cm nähen, gestalten und verschieden voll mit Sand füllen (für den Vergleich von Gewichten) oder in der Größe 15 x 15 cm für Körperwahrnehmungsübungen (z. B. „Wo spürst du das Säckchen?")
- gemeinsames Musizieren (z. B. Sand-Rassel als selbst gebautes Instrument)

Lagerungswechsel mit Spielreim

Material

- ✔ aufgepumpte Luftmatratze
- ✔ Sprechtaste o. Ä., bespielt mit Geräusch Meeresrauschen *(Bezugsmöglichkeiten für Geräusche siehe S. 7)*
- ✔ Spielreim „Wellenschaukeln" *(siehe S. 25)*

Durchführung

Der*die Lernende liegt in Rückenlage auf der Luftmatratze. Ist er*sie mit der Luftmatratze vertraut geworden, kann Meeresrauschen als akustischer Eindruck erklingen.
Als ergänzende Übung können Sie die Beine des*der Lernenden anwinkeln und an den Knien umfassen. Während Sie den Spielreim aufsagen, lassen Sie die Knie hin und her schaukeln (oder, wie im Spielreim dargestellt, die Luftmatratze bewegen).

Spielreim:
Wellenschaukeln

Komm schnell her,
uns ruft das Meer!
Los geht’s geschwind
mit dem Segelboot im Wind.
Wir sind heiter und froh,
in den Wellen schaukelt das Boot so:

(Die Luftmatratze leicht an der linken und rechten Seite abwechselnd anheben.)

Weiterführende Ideen

- bewegtes Lernen, z. B. auf der Luftmatratze schreiben oder darauf stehend Rechenaufgaben angeln/sich danach bücken (Gleichgewichtsübung)

Essen und Trinken

Material

- ✔ Strohhalm (aus Edelstahl oder Silikon)
- ✔ Rezept für „Erdbeer-Smoothie“ und dort aufgeführte Zutaten und Utensilien *(siehe S. 29)*
- ✔ individuelle Hilfsmittel *(Hinweise S. 14/15)*

Durchführung

Der Geschmackssinn wird durch kalte Speisen (Eis) und saure sowie süße Geschmacksrichtungen (Obst) auf vielfältige Weise angeregt.
Bereiten Sie den Smoothie anhand des Rezeptes zu.

Je nach individuellem Entwicklungsstand kann das Getränk dem*der Lernenden mit Hilfsmitteln angereicht werden, z. B. in einer Schnabeltasse oder durch Beträufeln der Lippen mit Hilfe eines Mundpflegestäbchens.

TIPP: Meloneneiswürfel

Entkernte Melone (und ggf. eine Kiwi und je nach Geschmack einen EL Honig) pürieren und im Eiswürfelportionierer einfrieren.

Das Trinken aus einem Strohhalm fördert die Mundmotorik. Dazu wird der Smoothie stark mit Wasser verdünnt. Ist es dem*der Lernenden möglich, den Halm mit den Lippen zu umschließen, kann das Einsaugen geübt werden.

TIPP: Trinken mit Strohhalm

In Absprache mit der Logopädie kann der Trinkprozess mit Strohhalm vielfältig unterstützt werden. Beispielsweise erleichtert das Zusammendrücken einer Flasche den Trinkprozess, indem es das Getränk im Halm aufsteigen lässt.

Weiterhin gibt es Strohhalme mit unterschiedlichem Durchmesser (von 7 mm bis 14 mm), mit denen die Schwierigkeit des Ansaugens variiert werden kann. Außerdem können Trinkhalme mit Rückflussstop eingesetzt werden, um den Trinkprozess zu erleichtern.

Weiterführende Ideen

- Wortschatzarbeit und Kategorisierung von Obst/Gemüse sowie warm/kalt
- Zählübung: eine Melone aus einer Pappteller-Hälfte basteln und schwarze Knöpfe als Melonenkerne legen

Gestaltarbeiten

Material

- ✔ Sprechtaste o. Ä., bespielt mit Geräusch Meeresrauschen *(Bezugsmöglichkeiten für Geräusche siehe S. 7)*
- ✔ Bastelkleber, Schere
- ✔ Wasserfarben und Malutensilien
- ✔ feuchter Waschlappen, Handtuch zum Abtrocknen

Zusätzlich für das Fühlbild

- ✔ Kopiervorlage „Seestern“ *(siehe S. 28)*, auf weißen Tonkarton (ca. 200 g/m²) kopiert
- ✔ Tonkarton (ca. 200 g/m²) in DIN-A4-Format (weiß)
- ✔ Meeres- oder Spielsand

Zusätzlich für das Druckbild

- ✔ Kopiervorlage „Luftmatratze“ *(siehe S. 28)*, auf A4-Format vergrößert und auf weißen Tonkarton (ca. 200 g/m²) kopiert
- ✔ Luftpolsterfolie (alternativ: Tüte)

Durchführung

Einleitend erklingt Meeresrauschen und die Lernenden erkunden die von Ihnen als Vorlage erstellten Gestaltarbeiten. Danach fertigen sie diese selbst entwicklungsorientiert an.

1. Fühlbild aus Sand „Seestern“

Ein Bogen Tonkarton wird für den Hintergrund mit blauer Wasserfarbe bestrichen. Der auf Tonkarton kopierte Seestern wird ausgeschnitten und großzügig mit Bastelkleber bepinselt. Anschließend wird Meeres- oder Spielsand darauf gestreut und nach dem Trocknen auf das Hintergrundpapier geklebt.

2. Druckbild mit Luftpolsterfolie „Luftmatratze“

Die Vorlage für die Luftmatratze wird auf Tonkarton vergrößert kopiert und anschließend mit der Luftpolsterfolie, die als Stempel fungiert, und Farbe bedruckt.

Weiterführende Ideen

- Sensorik-Parcours: über verschiedene Materialien laufen (Luftmatratze, Luftpolsterfolie, Sand-Seesterne, Sandwanne, Wasserwanne, Muscheln ...)
- an die Vorlagen „Seestern“ und „Luftmatratze“ *(siehe S. 28)* Sommer-Wörter in Bild/Wort schreiben/kleben
- Gestaltangebot „Unter Wasser“ als Gemeinschaftsarbeit

Massagegeschichte

Material

- ✔ Massagegeschichte „Am Meer“ *(siehe S. 30)*
- ✔ kleine Wanne, mit Sand gefüllt
- ✔ optional: Duftöl „Meeresbrise“ und Farblampe blau (alternativ: blaues Laken)
- ✔ Sprechtaste o.Ä., bespielt mit Geräusch Meeresrauschen *(Bezugsmöglichkeiten für Geräusche siehe S. 7)*

Durchführung

Zur Sinnesaktivierung können die Farblampe und das Duftöl eingesetzt werden.
Lesen Sie die Massagegeschichte langsam vor und führen Sie beim zweiten Durchgang die angegebenen Massagegriffe aus. Zum Ausklang erklingt erneut das Meeresrauschen und der*die Lernende kann noch ruhen.

Weiterführende Ideen

- Gestaltarbeit: kleine Schiffe (als Faltarbeit oder aus Weinkorken) basteln und auf einem Fluss/See fahren lassen
- Fantasiereise zum Thema „Wo fährt mein Schifflein hin?“ ausdenken und niederschreiben lassen
- Kinderfilm „Arielle“ mit der Krabbe Sebastian

Beobachtungsbogen zum Sinnespfad „Ein Tag am Meer“

Name: .... Schuljahr, Klasse: ....

Der*die Lernende …	1. Beobachtung	2. Beobachtung
➜ zeigt besondere (kommunikative) Aktivität bei:		
Fantasiereise „Komm mit ans Meer!“		
➜ lauscht intensiv		
➜ zeigt besonderes Interesse an …		
Weiteres:		
Materialerfahrung Wasser		
➜ zeigt Gefallen an Materialerfahrung – bevorzugte Körperstellen/Temperatur?		
➜ zeigt (erhöhte) Eigenaktivität im Wasser		
➜ leert Behälter aus, gießt		
➜ drückt Schwämme aus		
Materialerfahrung Sand		
➜ zeigt Gefallen an Materialerfahrung Sand		
➜ zeigt (erhöhte) Eigenaktivität im Sand		
➜ wühlt im Sand, schüttet Sand aus, schaufelt		
➜ zeigt Gefallen am Sandbild (Gestaltidee)		
Sandgeräusche		
➜ lauscht den Klängen		
➜ beschäftigt sich mit den Klangerzeugern		
Weiteres:		
Lagerungswechsel mit Spielreim „Wellenschaukeln“		
➜ zeigt Gefallen an Objekterfahrung Luftmatratze – wie?		
➜ mag die zum Spielreim gehörenden Bewegungen (balanciert sich ggf. mit aus)		
Weiteres:		
Essen und Trinken – Erdbeer-Smoothie		
➜ mag kalte Speisen		
➜ trinkt aus einem Strohhalm		
Weiteres:		
Gestaltarbeiten – Fühlbild und Druckbild		
➜ zeigt Gefallen – besonderes Interesse an …		
➜ zeigt Eigenaktivität – wann?		
Weiteres:		
Massagegeschichte „Am Meer“		
➜ lauscht der Geschichte		
➜ zeigt Gefallen an der Massage – wann/an welcher Körperstelle (nicht)?		
Weiteres:		

Kurzverschriftung der Beobachtungen: häufig ++ / gelegentlich + / selten o / nicht beobachtbar n. b.

Seestern und Luftmatratze

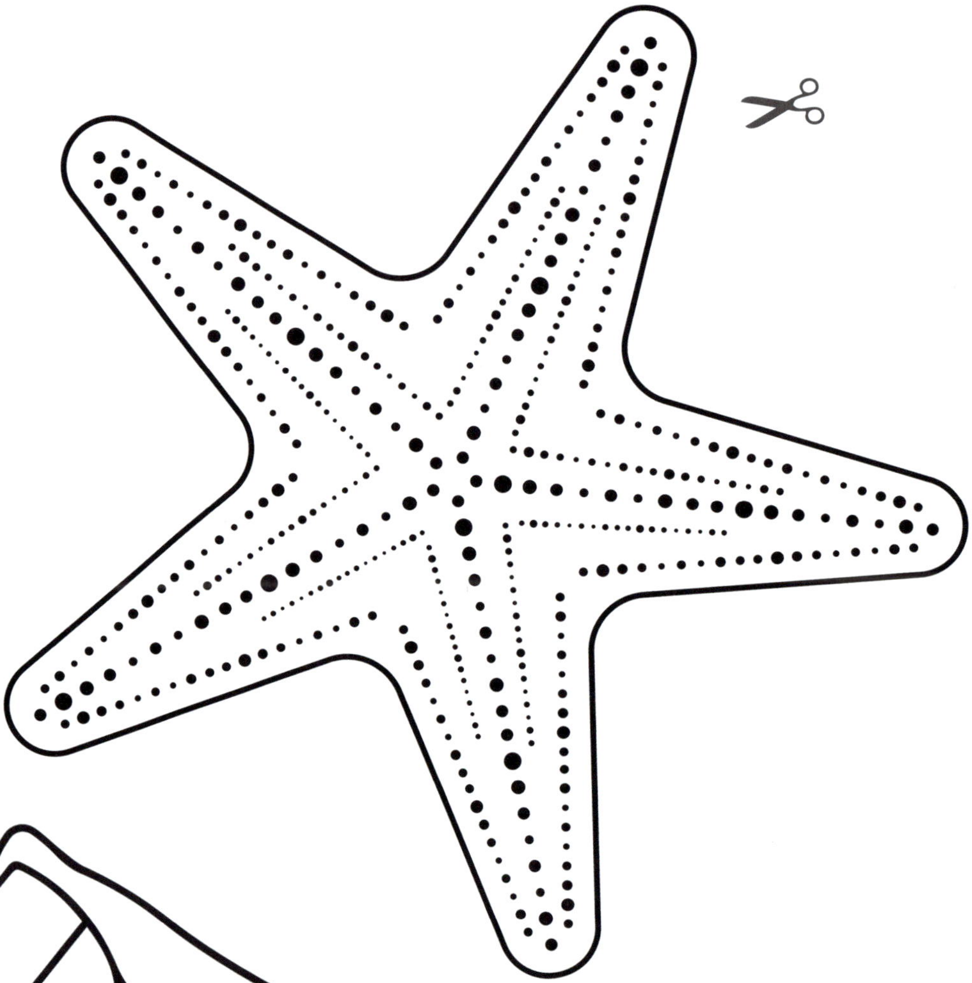

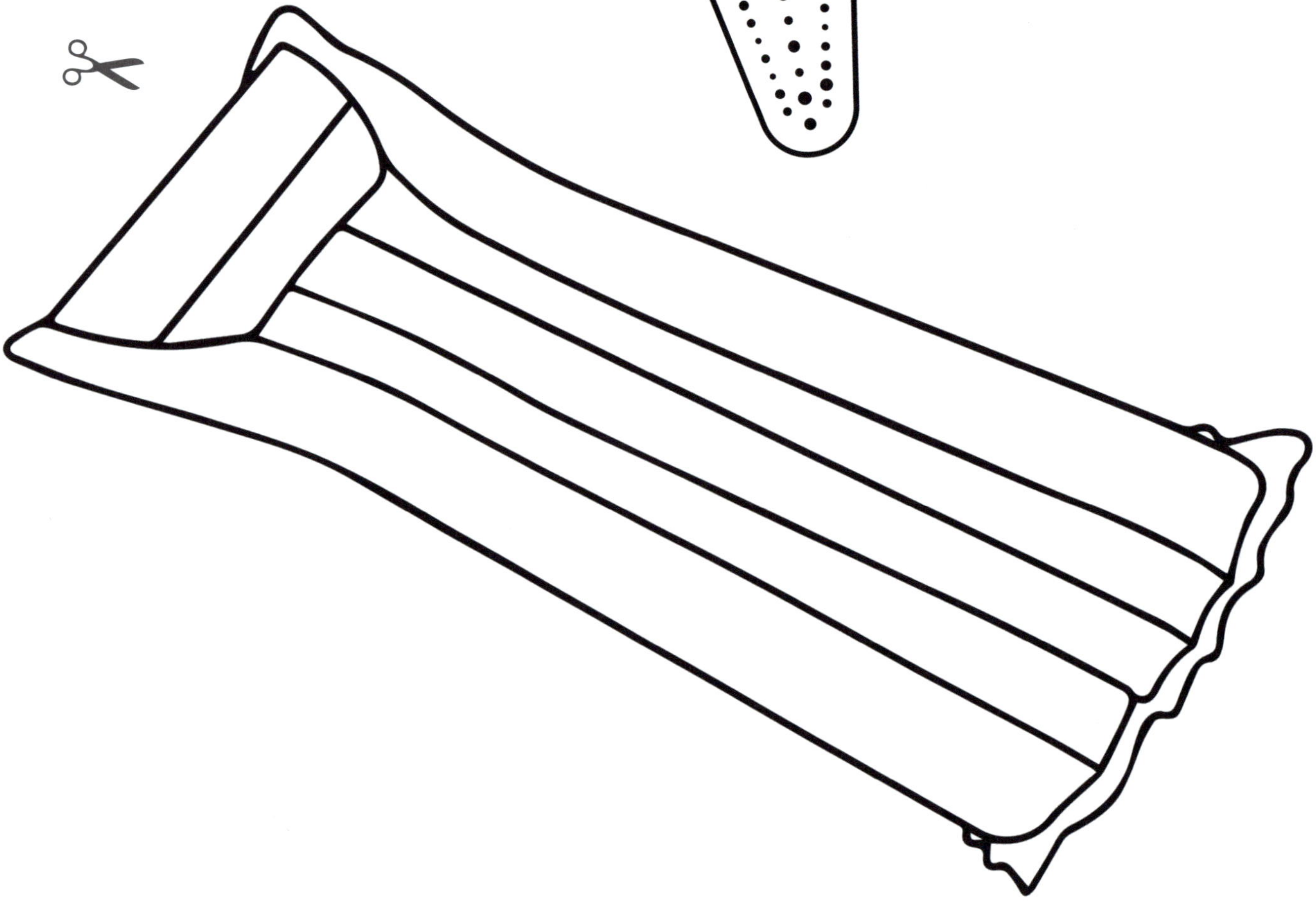

Erdbeer-Smoothie (für 2 Personen)

Zutaten

Orangensaft (100 ml)

Banane (1 Stück)

Wasser (200 ml)

Erdbeeren (200 g)

Schneidebrett und Messer

Waage

Messbecher

Mixer

Gläser mit Strohhalm

Bei Bedarf:
Netzschaltadapter „PowerLink“ und individuelle Hilfsmittel

Anleitung

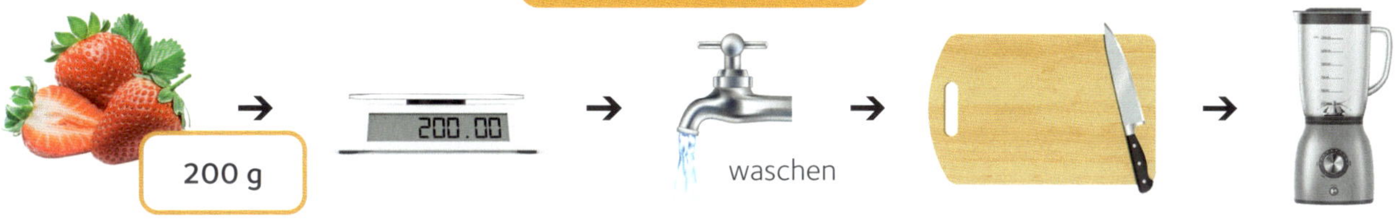

→ 200 g → 200.00 → waschen → →

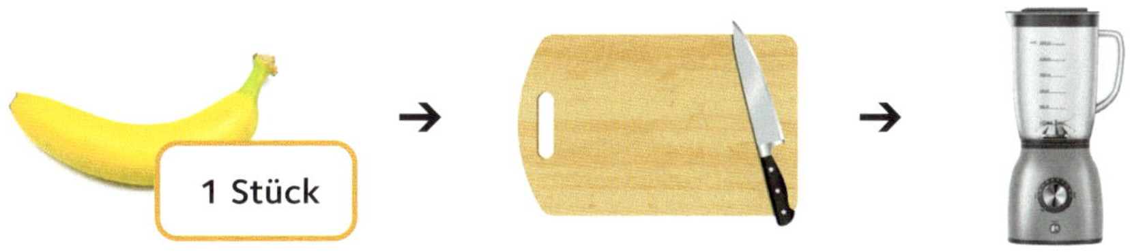

1 Stück → →

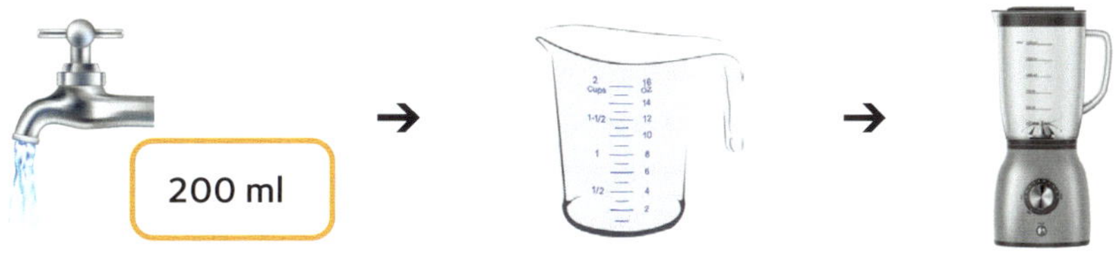

200 ml → →

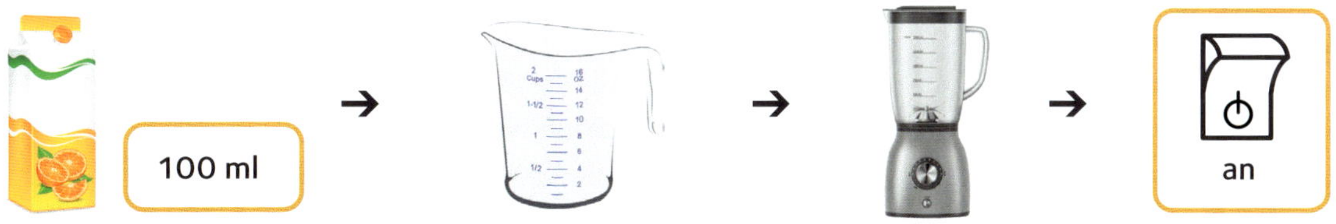

100 ml → → → an

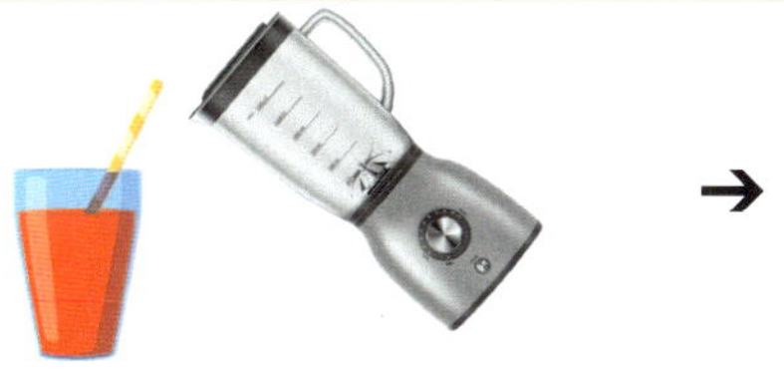

→ **Fertig!**
Guten Appetit!

Am Meer

Rückenlage empfohlen

Du kannst die Augen schließen. Komm mit ans Meer!
Die Sonne scheint. Es ist warm.
(mit der flachen Hand von der Brustmitte zu den Händen streichen)

Wir liegen im Sand und wühlen in ihm mit den Händen.
(die Hände in Sand legen, mit der flachen Hand über die Hände reiben)

Der Wind weht und wir spüren ihn in den Haaren.
(mit den Fingern sanft durch das Haar streichen)

Eine Sandkrabbe flitzt auf uns zu.
Pass auf, dass sie dich nicht zwickt!
(mit den Fingerspitzen sanft an den Armen zwicken)

Wir hören das Meer rauschen.
Immer wieder werden kleine Wellen an den Strand gespült.
(mit der Handaußenkante in Wellenbewegung über die Arme streifen)

Siehst du dort hinten das Schiff?
Es wird langsam von den Wellen hin und her bewegt.
(Beine anwinkeln und mit beiden Händen fassen,
sanft die Beine hin und her wiegen)

Wir sind schon eine ganze Weile am Meer.
Der Tag geht zu Ende und wir sehen, wie die Sonne am Horizont untergeht.
(mit beiden Händen gleichzeitig von den Schultern zu den Händen streichen)

Zum Abschluss wird Meeresrauschen abgespielt
und der*die Lernende kann noch ruhen.

Sinnespfad „Ein bunter Herbsttag“

Sinnespfad „Ein bunter Herbsttag“

Der Herbst macht die Blätter bunter und bringt kühleres Wetter. Er lädt zu Spaziergängen im bunten Herbstwald ein, bei denen allerlei Naturmaterialien gesammelt werden können. Diese lassen sich später auf vielfältige Weise in der basalen Förderung einsetzen. Beim folgenden Sinnespfad stehen Materialerfahrungen mit Blättern und Kastanien im Fokus. Weiterhin wird der Igel als allseits bekanntes Herbsttier einbezogen.

Mit diesem Sinnespfad lassen sich Anknüpfungspunkte zu wesentlichen Lernbereichen schaffen, u. a.

- **Natur und Umwelt (Lebensraum Wald, der Baum im Jahresverlauf, der Igel)**
- **Körper und Gesundheit (wettergerechte Kleidung, Bewegung an der frischen Luft)**
- **Selbstversorgung**
- **Musik und Gestalten**

Mitmachlied

Material

- ✔ Kopiervorlage „Bunt, ja bunt ...“ *(siehe S. 37)*
- ✔ bunte Herbstblätter
- ✔ Trauben (ggf. Dekomaterial)
- ✔ Äpfel
- ✔ Kürbis
- ✔ Stroh
- ✔ optional: T-Shirts in den Farben Gelb, Grün, Rot (und Orange) für die Schüler*innen in gewünschter Menge

Durchführung

Führen Sie in das Thema lerngruppenangepasst ein und legen Sie das Material bereit. Die Lernenden sehen und sprechen über typische Herbstmaterialien.
Das Herbstlied „Bunt, ja bunt ...“ wird gesungen und die aufgeführten Bewegungsangebote werden ausgeführt.

Weiterführende Ideen

- einen Herbsttisch aus mitgebrachten Naturmaterialien und Gegenständen gestalten
- aus farbigem Papier Herbstblätter ausschneiden und darauf Herbst-Wörter schreiben und zuordnen
- weiße T-Shirts in Herbstfarben selbst batiken oder bedrucken

Materialerfahrung Herbstschätze

Material

- ✔ flache Wanne oder Korb
- ✔ Herbstschätze wie Tannenzapfen, getrocknetes Herbstlaub, Eicheln und Kastanien
- ✔ Gegenstände, die bei dem*der Lernenden besondere Neugier wecken, z. B. weiches Kuscheltier (Igel) oder Rasselball

Durchführung

Die Hände der Lernenden tauchen in die Sensorikwanne ein. Sie fühlen und spielen mit den Herbstschätzen (Tannenzapfen, getrocknetes Herbstlaub, Eicheln und Kastanien). Ist die Eigenaktivität stark eingeschränkt, können die Hände und Arme mit den Herbstschätzen sanft abgerieben werden. Sind besonders interessante Gegenstände, wie ein Rasselball, unter den Herbstmaterialien versteckt, regt dies zu gezielteren Handbewegungen und (erstem) Greifen an.

Weiterführende Ideen

- Kastanienbad (viele Kastanien sammeln und in einem aufblasbaren Plantschbecken zur ganzkörperlichen Erfahrung legen → Achtung: Kastanien schimmeln schnell, wenn sie frisch in größeren Mengen aufbewahrt werden)
- Mathematik mit Kastanien (z. B. Bündeln mit einer Schnur, Würfeln und Abzählen auf einem Teller)
- Laufdiktat mit Kastanien (Kastanien nummerieren und im Klassenraum verteilen)

Lied mit Klangbegleitung

Material

- ✔ Kopiervorlage „Bunt sind schon die Wälder“ *(siehe S. 38)*
- ✔ Klangschale (alternativ: Triangel)
- ✔ mit Herbstschätzen (z. B. Kastanien) dekorierte Lernumgebung
- ✔ ggf. Duftöl „Wald“, „Fichte“ o. Ä.

Durchführung

Die Lernenden werden durch das herbstliche Setting und das leise Anspielen der Klangschale auf das Lied eingestimmt. Eine körperliche Erfahrung ergibt sich beim Spüren der Vibration. Begleiten Sie das Lied mit der Klangschale.

Weiterführende Ideen

- Herbstfarben benennen, Herbstgegenstände (z. B. Kürbis, Kastanien) nach Farben sortieren
- zum Lied kreativ werden (z. B. mit Kartoffel- oder Apfeldruck)
- Obsternte, das Apfelbaumjahr

Igelballmassage mit Spielreim

Material

- ✔ Igelball
- ✔ Spielreim „Ein Igel trippelt ...“ *(siehe unten)*

Spielreim:

Ein Igel trippelt ...

Ein Igel trippelt durch das Gras,
schnuppert dies und schnuppert das.
Kommt der kalte Herbstwind,
frisst er sich satt, ganz geschwind.
Sucht sich ein kuschliges Winternest,
schläft dort bis zum Frühling richtig fest.

Durchführung

Der*die Lernende sitzt oder liegt in Rückenlage. Er*sie umschließt den Igelball mit den Händen (ggf. Handführung), um seine Struktur zu erfahren. Während Sie den Spielreim zum zweiten Mal aufsagen, bewegen Sie nach Ansprache den Igelball (je nach individueller Vorliebe) über Hände, Arme oder Rücken des*der Lernenden.

Weiterführende Ideen

- einen Steckbrief zum Igel verfassen
- Lernangebot zum Igeljahr

Essen und Trinken

Material

- Rezept für „Grießbrei" und dort aufgeführte Zutaten und Utensilien *(siehe S. 40)*
- individuelle Hilfsmittel: Therapielöffel u. Ä.

Durchführung

Der Geschmackssinn wird durch das Angebot einer warmen Speise (Grießbrei) angeregt. Der Brei kann individuell verdünnt werden, um das Essen zu vereinfachen. Süßen Sie den Brei ggf. mit Zucker oder kombinieren Sie ihn mit Apfelmus, sodass verschiedene Geschmacksanregungen erfolgen.

Bereiten Sie den Grießbrei anhand des Rezeptes zu.

Je nach individuellem Entwicklungsstand kann der Grießbrei dem*der Lernenden mithilfe unterschiedlicher Löffel angereicht werden.

TIPP: Löffel zum Anreichen

Für Kinder mit Unterstützungsbedarf und schwacher Lippenmuskulatur haben sich weiche Silikonlöffel (z. B. der Marke Flexy) bewährt, welche auch die Verletzungsgefahr minimieren. Löffel mit extralangem, verdicktem oder ergonomisch geformtem Griff unterstützen die Kinder beim (angebahnten) selbstständigen Führen oder beim Mitführen der Hand. Besprechen Sie die Auswahl passender Löffel mit der Logopädie.

Weiterführende Ideen

- Lernangebot zu Weizen: Getreide, Herstellung von Grieß
- mit Grieß und Weizenähren befüllte Sensorikwanne

Gestaltarbeiten

Material

- CD mit Herbstliedern oder -geschichten, CD-Player oder alternatives Abspielgerät, ggf. Toniebox-tonies
- Kopiervorlage „Igel" *(siehe S. 39)*, 2-mal auf weißen Tonkarton (ca. 200 g/m²) kopiert
- Malfarben und -utensilien
- Schere, Bastelkleber
- feuchter Waschlappen, Handtuch zum Abtrocknen

Zusätzlich für das Fühlbild

Herbstblätter, getrocknet und gepresst
(Ahorn ist gut geeignet.)

Zusätzlich für das Matschbild

- ein Blatt Tonkarton (ca. 200 g/m²) (weiß)
- Karton/Kiste ca. 32 x 26 x 20 cm
- Igelball
- mehrere Klebestreifen

Durchführung

Es erklingen einleitend Herbstlieder und die Lernenden betrachten sowie befühlen die von Ihnen bereitgestellten Materialien (Herbstblätter, Igelball). Sie werden verbal darauf eingestimmt, mit den Materialien zu gestalten.
Die Lernenden sind entwicklungsorientiert in den Gestaltprozess einbezogen. Zum Abschluss der Gestaltarbeit wird ritualisiert eine Handwaschung (am Waschbecken oder in der Waschschale) durchgeführt.

1. Fühlbild „Igel“

Der Igel wird ausgeschnitten und braun angemalt. Alternativ wird er auf braunem Tonpapier ausgedruckt. Er wird mit getrockneten und gepressten Blättern beklebt.

2. Matschbild mit Igelball

Schneiden Sie den Igel *(siehe S. 39)* aus und befestigen Sie ihn leicht mit zwei kleinen Klebestreifen auf einem anderen Tonpapierblatt. Mit Fingermalfarbe wird auf den Igel gekleckst und anschließend wird die Farbe durch Rollen des Igelballs in einer Kiste auf dem Papier verteilt. Der ausgeschnittene Igel wird anschließend vom Tonpapier abgelöst.

Weiterführende Ideen

- Lernangebot zum Ahornbaum im Jahreslauf
- Igelbuch gestalten, das Fühlbild als Deckblatt nutzen

Massagegeschichte

Material

- ✔ optional: Duftöl „Wald“, „Fichte“ o. Ä. Handventilator, Farblampe grün (alternativ: grünes Laken)
- ✔ Massagegeschichte „Herbstwald“ *(siehe S. 41)*
- ✔ Herbstblätter
- ✔ Sprechtaste o. Ä., bespielt mit Waldgeräuschen *(Bezugsmöglichkeiten für Geräusche siehe S. 7)*

Durchführung

Lesen Sie die Massagegeschichte langsam vor und führen beim zweiten Durchgang nach Ansprache die vorgeschlagenen Massagegriffe auf dem Rücken oder Arm aus. Zum Ausklang können die Sinneselemente Herbstblätter, Duftöl, Farblampe (alternativ: grünes oder braunes Laken) und Waldgeräusche eingesetzt werden.

Weiterführende Ideen

- Gestaltarbeit: Wald im Schuhkarton (einen Schuhkarton mit grünen Papierschnipseln bekleben oder mit grüner Farbe bestreichen, gesammelte Naturmaterialien sowie Waldtier-Spielfiguren hineinstellen)
- Webrahmen aus Naturmaterialien (aus vier daumendicken, je ca. 30 cm langen Stöckern und Bindegarn einen Webrahmen basteln und diesen mit Herbstmaterial, z. B. Blättern, beweben)

Beobachtungsbogen zum Sinnespfad „Ein bunter Herbsttag“

Name: .... Schuljahr, Klasse: ....

Der*die Lernende ...	1. Beobachtung	2. Beobachtung
➜ zeigt besondere (kommunikative) Aktivität bei:		
Mitmachlied „Bunt, ja bunt sind viele, viele Blätter“		
➜ lauscht intensiv		
➜ verfolgt Bewegungen mit den Augen		
➜ bewegt sich zur Musik		
Weiteres:		
Materialerfahrung Herbstschätze		
➜ zeigt Gefallen an den Materialerfahrungen, zeigt besonderes Interesse an ...		
➜ befühlt eigenaktiv		
➜ basale Tastbewegungen, greift		
Weiteres:		
Lied mit Klangbegleitung „Bunt sind schon die Wälder“		
➜ lauscht intensiv		
➜ zeigt (erhöhte) Eigenaktivität – wann?		
➜ zeigt Gefallen am Klang der Schale		
➜ zeigt Gefallen an der Vibration der Schale – bevorzugte Körperstellen?		
Weiteres:		
Igelballmassage mit Spielreim „Ein Igel trippelt ...“		
➜ lauscht dem Spielreim		
➜ zeigt Interesse am Igelball		
➜ akzeptiert die Berührung mit dem Igelball		
Weiteres:		
Essen und Trinken – Grießbrei		
➜ akzeptiert die breiige, warme Konsistenz		
➜ isst (mit Hilfsmitteln) vom Löffel		
Weiteres:		
Gestaltarbeiten - Fühlbild und Matschbild		
➜ zeigt Gefallen – besonderes Interesse an ...		
➜ zeigt Eigenaktivität – wann?		
Weiteres:		
Massagegeschichte „Herbstwald“		
➜ lauscht der Geschichte		
➜ zeigt Gefallen an der Massage – wann und an welcher Körperstelle (nicht)?		
Weiteres:		

Kurzverschriftung der Beobachtungen: häufig ++ / gelegentlich + / selten o / nicht beobachtbar n. b.

Bunt, ja bunt sind viele, viele Blätter

Musik und Text: nach „Grün grün, grün sind alle meine Kleider“,
Volksweise nach Heinrich Hoffmann von Fallersleben und Ernst Richter (1870)
Bearbeitung: Lucas A. E. Schmidt

Allegro ♩ = 120

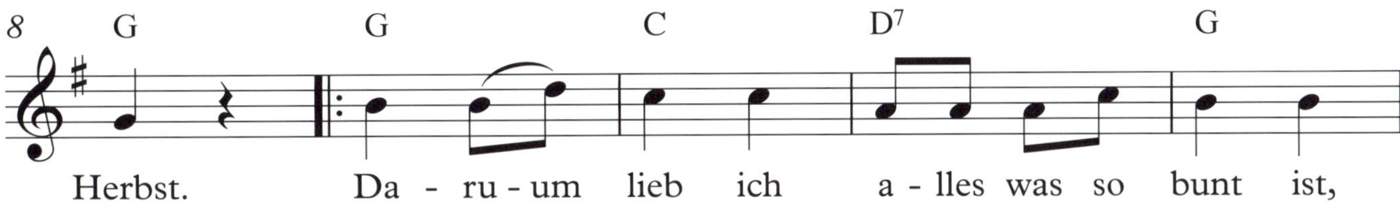

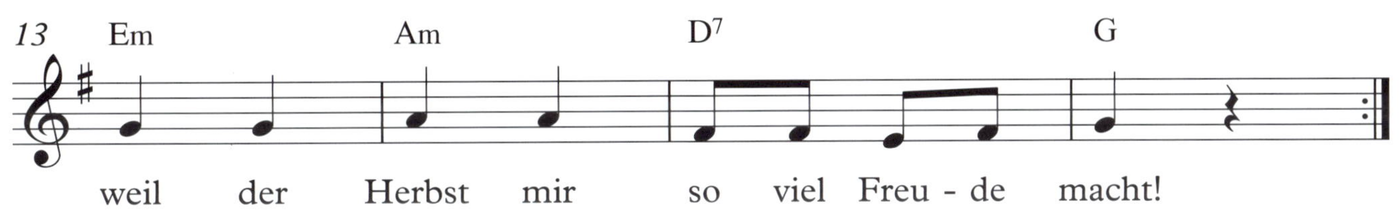

Refrain:

Bunt, ja bunt sind viele, viele Blätter.
Bunt, ja bunt wird alles jetzt im Herbst.
Darum lieb ich alles, was so bunt ist,
weil der Herbst mir so viel Freude macht!
(Herbstblätter schwenken)

Strophen 1–4:

Grün, ja grün sind endlich alle Trauben.
Grün, ja grün hängen sie jetzt so da.
Darum lieb ich alles, was so grün ist,
weil die Trauben, ach, so lecker sind!
(Lernende im grünen T-Shirt kommen
nach vorn und bewegen sich zur Musik.)

Rot, ja rot sind auch schon alle Äpfel.
Rot, ja rot fallen sie jetzt vom Baum.
Darum lieb ich alles, was so rot ist,
weil die Äpfel so gesund sind.
(Lernende im roten T-Shirt kommen
nach vorn und bewegen sich zur Musik.)

Gelb, ja gelb ist nun das trockne Stroh.
Gelb, ja gelb liegt es jetzt auf dem Feld.
Darum lieb ich alles, was so gelb ist,
weil das Stroh für Tiere wichtig ist.
(Lernende im gelben T-Shirt kommen
nach vorn und bewegen sich zur Musik.)

Orange, orange strahlt nun auch der Kürbis.
Orange, orange und so riesengroß.
Darum lieb ich alles, was orange ist,
weil der Kürbis einfach klasse schmeckt.
(Lernende im orangenen T-Shirt kommen
nach vorn und bewegen sich zur Musik.)

Bunt sind schon die Wälder

Musik: Johann Friedrich Reichardt (1799)
Text: Johann Gaudenz von Salis-Seewis (1786)
Bearbeitung: Lucas A. E. Schmidt

Allegro ♪ = 160

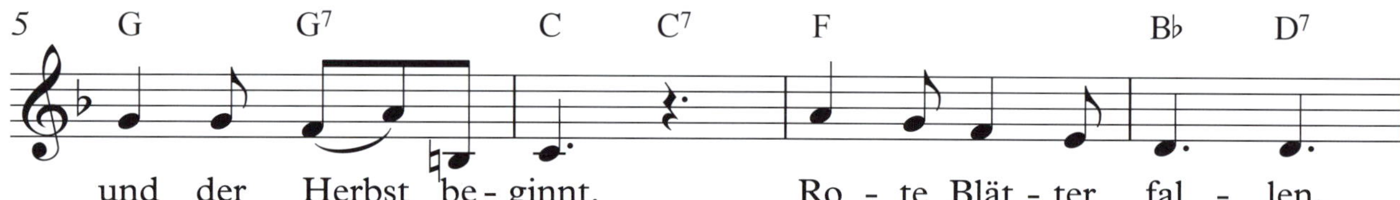

Die Klangschale (alternativ: Triangel) zu Beginn anspielen, ausklingen lassen. Während des Liedes die Klangschale an entsprechender Stelle anspielen und mit dem Klingen weitersingen.

1) Bunt sind schon die Wälder, gelb die Stoppelfelder
und der Herbst beginnt.

Rote Blätter fallen, graue Nebel wallen,

kühler weht der Wind.

2) Wie die volle Traube aus dem Rebenlaube
purpurfarbig strahlt!

Am Geländer reifen Pfirsiche mit Streifen
rot und weiß bemalt.

3) Dort im grünen Baume hängt die blaue Pflaume
am gebogenen Ast.

Gelbe Birnen winken, dass die Zweige sinken
unter ihrer Last.

Igel

Grießbrei (für 4 Personen)

Zutaten

Anleitung

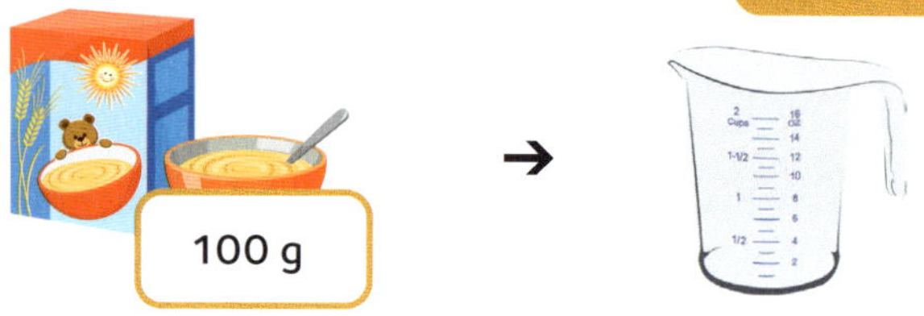

100 g → Grieß abmessen

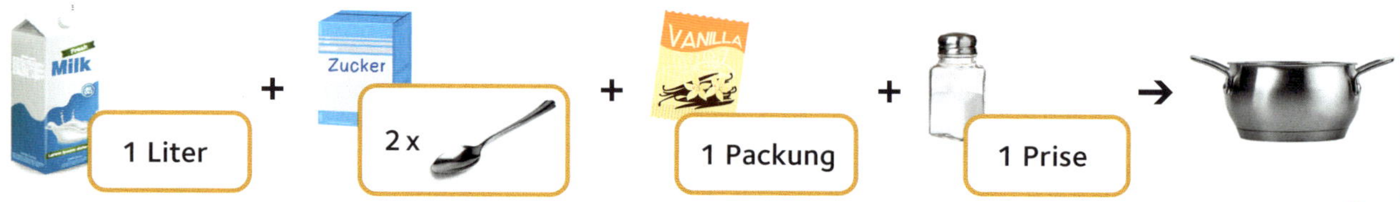

1 Liter + 2 x + 1 Packung + 1 Prise →

→ an → ständig rühren, bis es kocht → Vorsicht! Heiß!

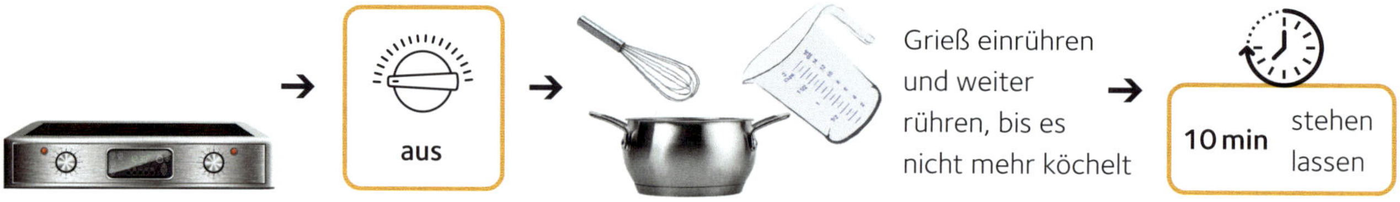

→ aus → Grieß einrühren und weiter rühren, bis es nicht mehr köchelt → 10 min stehen lassen

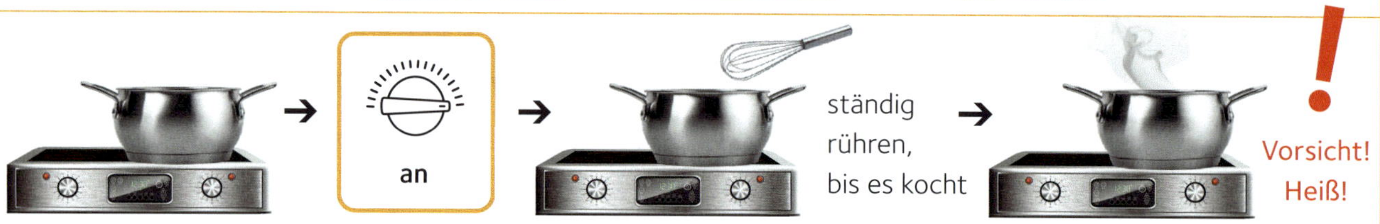

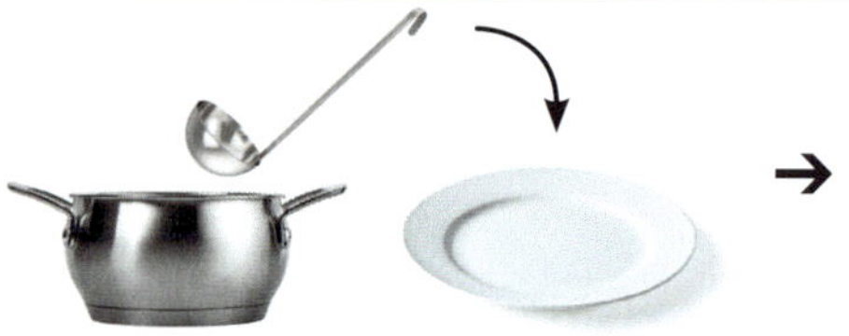

→ **Fertig! Guten Appetit!**

Dazu passt Zimt und Zucker oder Apfelmus!

Herbstwald

Bauchlage empfohlen. Zur Aktivierung kann eine Farblampe (grün) und ein Duftöl (Wald, Fichte) eingesetzt werden.

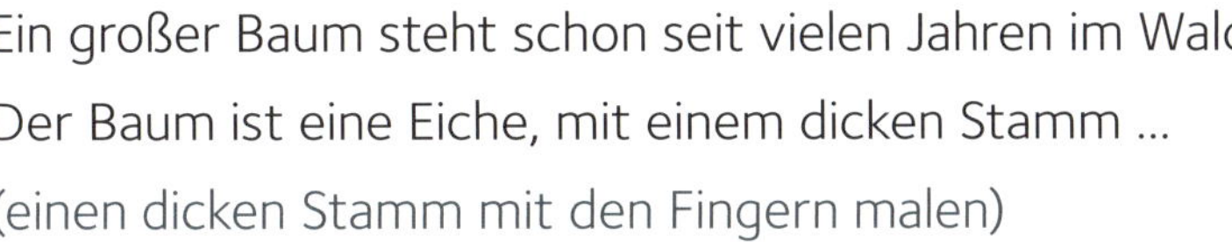

Ein großer Baum steht schon seit vielen Jahren im Wald.
Der Baum ist eine Eiche, mit einem dicken Stamm ...
(einen dicken Stamm mit den Fingern malen)

... und vielen Ästen und Blättern.
(Äste mit den Fingern malen, mit einem Tuch die Blätterkrone tupfen)

Der Herbst ist da! Es wird kühler und der Wind weht stärker.
(leicht den Wind pusten, ggf. mit Handventilator)

Der Baum hat viele Bewohner, welche sich langsam auf den Winter vorbereiten.
Sie wuseln auf den Ästen hin und her!
(mit allen Fingern über den Arm/Rücken laufen und massieren)

Der Specht klopft fleißig gegen den Stamm.
Er wird auch im Winter im Wald sein.
(mit dem Finger intensiv klopfen)

Das kleine Eichhörnchen hüpft von Ast zu Ast und flitzt den Stamm herab, um auf dem Waldboden Vorräte zu sammeln.
(mit den Fingern über die Arme/den Rücken hüpfen und massieren)

Der Igel mag die Haufen der herabfallenden Blätter.
Er trippelt umher und sucht unter den Blättern saftige Würmer.
(mit den Fingern über die Arme/den Rücken trippeln, mit Blättern streifen)

Am Abend geht die Sonne unter und die Tiere im Wald werden müde.
Immer leiser werden die Geräusche im Wald.
(sanft streicheln)

Zum Abschluss werden Waldgeräusche oder Herbstlieder abgespielt und der*die Lernende kann noch ruhen.

5. „Winterfreuden“

Sinnespfad „Winterfreuden“

Der Winter bringt Kälte, Schnee und Eis. Zu Hause macht man es sich mit Lichterketten und kuscheligen Decken gemütlich.
Diese Gegenstände und Naturmaterialien lassen sich auch auf vielfältige Weise in der basalen Förderung einsetzen. Gibt es einmal einen Winter ohne Schnee, kann der Schnee mit einfachen Zutaten in der Klasse nachgebildet werden. Hierzu lernen Sie ein Rezept kennen.

Mit diesem Sinnespfad lassen sich Anknüpfungspunkte zu wesentlichen Lernbereichen schaffen, u. a.

- **Natur und Umwelt (Temperatur und Aggregatzustände, Tiere im Winterwald)**
- **Deutsch**
- **Selbstversorgung**
- **Wahrnehmung und Gestalten**

Mitmachangebot mit Sinnesmitte

Material

- ✔ Duftöl, z. B. „Plätzchen“, „Orange“, „Zimt“
- ✔ Farblampe blau (alternativ: blaues und weißes Tuch)
- ✔ Schneeflocken aus Watte oder Papier
- ✔ Mitmachangebot „Schneeflöckchen, Weißröckchen“ *(siehe S. 49)*

Durchführung

Führen Sie das Thema lerngruppenangepasst ein. Die Lernenden riechen z. B. winterlichen Duft und sehen die Farben blau und weiß. Alternativ oder ergänzend zu einer Farblampe, kann ein blaues und weißes Laken eingesetzt werden.
Im Sitzkreis liegt dieses in der Mitte, gemeinsam mit verschiedenen Winterschätzen, drapiert. Schneeflocken aus Papier oder Watte fallen in die Kreismitte herab.
Für eine ganzkörperliche Erfahrung wird der*die Lernende in das Laken eingehüllt.

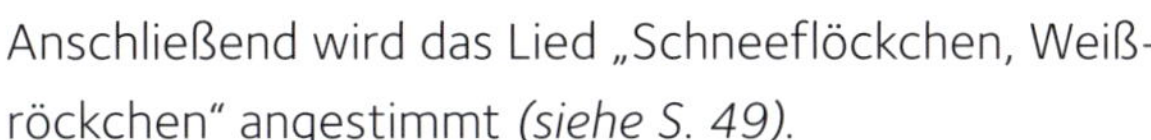

Anschließend wird das Lied „Schneeflöckchen, Weißröckchen“ angestimmt *(siehe S. 49)*.
Das Hören vertrauter Stimmen beim Singen schafft Geborgenheit. Die zum Lied gehörenden Bewegungen regen zum gemeinschaftlichen Handeln an. Die Hände der Lernenden können hierbei respektvoll geführt werden.

Weiterführende Ideen

- Gestaltangebot „Großes Schneeflockenbild“ auf einem blauen Bettlaken z. B. mit Flocken aus Watte
- Winter-Wörter und/oder zusammengesetzte Nomen mit Schnee direkt ins Bild oder auf kleine Kärtchen schreiben und zum Schneeflockenbild kleben

Materialerfahrung Schnee und Eis

Material

- ✔ flache, wasserdichte Wanne
- ✔ Winterschätze, wie Schnee, Zweige von Konifere und Tanne, kleine Zapfen, Haselnüsse, getrocknete Orangenscheiben
- ✔ Eiswürfel
- ✔ mit Wasser getränkte und gefrorene Wattepads
- ✔ ggf. (Wald-)Spielfiguren, Ausstechformen

Durchführung

Die Hände der Lernenden tauchen in die Sensorikwanne ein. Sie fühlen und spielen mit den Winterschätzen. Die zuvor in Wasser getränkten und im Tiefkühlfach gefrorenen Wattepads können in die Hand gelegt oder die Hände damit abgerieben werden. Das gefrorene Wasser schmilzt und fließt an der Haut herunter.
Ein besonderes Erlebnis bildet eine mit Schnee gefüllte Wanne. Alternativ oder ergänzend zum echten Schnee, kann sie mit DIY-Schnee gefüllt werden. Mit dem Schnee können Kugeln geformt oder Figuren ausgestochen werden. Auch (Wald-)Spieltiere können im Schnee spazieren gehen. Viel Freude bereitet ebenfalls das Pusten des Schnees (der Watte) von der Handfläche.
Wenn kein Schnee vom Himmel fällt, kann man ihn einfach selbst machen. Für ein echtes Gefühl des Knirschens nutzt man gemäß dem unten stehenden Rezept Speisestärke statt Mehl.

Shutterstock.com: Handschuhe © Olga Popova, Orangenöl © Sunnydream, Eiswürfel © Valentyn Volkov

TIPP: DIY-Schnee

Material
- ✔ 8 Tassen Speisestärke
- ✔ 1 Tasse Babyöl (alternativ: Sonnenblumenöl, verfärbt den Schnee jedoch leicht)

Die Speisestärke und das Öl werden mit den Händen vermengt. Die Konsistenz ist gut, wenn man aus dem DIY-Schnee kleine Schneebälle formen kann; ggf. wird noch etwas Speisestärke oder Öl hinzugegeben.

Weiterführende Ideen

- Lernangebot zu Zustandsformen des Wassers (hier: fest und flüssig, gefrieren, schmelzen), dazu experimentieren
- Schnee-Expertin oder -Experte werden (Entstehung von Schnee, seine Arten usw.)
- Suche nach den Schönheiten des Winters (z. B. Eisblumen, gefrorene Spinnennetze)

Klanggeschichte

Material

- ✔ Klanggeschichte „Winterfreuden" *(siehe S. 50)*
- ✔ Klangschale (alternativ: Triangel)
- ✔ Tamburin (alternativ: Pappbecher)
- ✔ Zeitungspapier
- ✔ Winterschätze, wie Schnee, Zweige von Konifere und Tanne, kleine Zapfen, Mütze, Schal ...

Durchführung

Die Lernenden werden durch ein winterliches Setting auf die Geschichte eingestimmt. Die Geschichte wird durch Klangschale (bzw. Triangel), Tamburin und Zeitungsrascheln an entsprechender Stelle durch Sie begleitet. Sind die Lernenden mit den Instrumenten vertraut, wird sie unter Einbezug der Schüler*innen wiederholt. Die Vibration der Klangschale führt zu einer ganzkörperlichen Erfahrung.

Weiterführende Ideen

- Gedicht „Die drei Spatzen" von Christian Morgenstern
- zur Klanggeschichte schreiben: „Was hat das Interesse vom Spatzen am Haselnussstrauch geweckt?", „Was machst du an einem verschneiten Wintertag?"

Sensorikflaschen

Material

- ✔ gesäuberte, leere Plastikflaschen mit Drehverschluss
- ✔ Heißkleber (alternativ: Sekundenkleber)
- ✔ Materialien je nach ausgewählter Sensorikflasche *(gemäß Tabelle unten)*

Durchführung

Die Sensorikflaschen werden unter entwicklungsorientiertem Einbezug der Lernenden gestaltet. Die fertigen Sensorikflaschen können unter steter Aufsicht auf vielfältige Weise, sowohl sitzend als auch in Bauch- oder Rückenlage, erkundet werden und führen zu verschiedensten Sinneseindrücken.

Nachfolgend finden sich Tipps zum Füllmaterial sowie sechs Umsetzungsmöglichkeiten für winterliche Sensorikflaschen (0,5 l). Diese verstehen sich als Vorschlag und können natürlich individuell an die Lernenden angepasst werden.

Thema der Sensorikflasche	Materialien
Schneebälle	eine Handvoll verschiedener Pompons in den Farben Weiß und Blau, bis zum Flaschenhals aufgefüllt mit Wasser-Haargel-Gemisch (Verhältnis 3 : 1)
Winterzauber	eine Handvoll Perlen, Streu-Deko und Glitzer, bis zum Flaschenhals aufgefüllt mit Wasser-Haargel-Gemisch (Verhältnis 3 : 1)

Winterfarben	Reis, weiß und mit blauer Lebensmittelfarbe eingefärbt (Flasche etwa zur Hälfte gefüllt)
Wintergestöber	eine Handvoll weiße und blaue Bügelperlen, bis zum Flaschenhals aufgefüllt mit Wasser
Winterruhe	Wasser mit 4 Tropfen blauer Lebensmittelfarbe und Speiseöl vermischt, alternativ: transparentes Baby-Öl (Verhältnis 2 : 1)
Winterlandschaft	eine Handvoll weißer Deko-Sand und nach Belieben winterliche Streu-Deko (nicht schwimmend), bis zum Flaschenhals aufgefüllt mit Wasser, das mit 2 Tropfen blauer Lebensmittelfarbe gefärbt wurde

TIPP: Material für Sensorikflaschen

Besondere Effekte entstehen mit nachtleuchtenden Materialen, wie Perlen, die im Dunkelraum leuchten. Da im Winter viele weiße Elemente, wie z. B. Schneeflocken, zum Einsatz kommen, entstehen in einem Raum mit Schwarzlicht noch einmal neue Eindrücke, wenn diese Elemente im Dunkeln leuchten können.

Wenn Sensorikflaschen mit Zusätzen, wie Glitzer, Perlen oder Streu-Deko, gefüllt werden, kann man transparentes Haargel ins Wasser mischen. Je mehr Haargel man verwendet, umso langsamer bewegen sich die kleinen Gegenstände in der Flasche. Alternativ kann wasserlöslicher Bastelkleber genutzt werden. Ein Verhältnis von 3 : 1 (Wasser zu Kleber/Haargel) hat sich hier bewährt.

Wenn Sie Pompons als Füllmaterial verwenden, bietet es sich an, diese vorher zu waschen, damit sie das Wasser nicht (zu sehr) einfärben. Auch farbige Streu-Deko kann ggf. das Wasser färben.

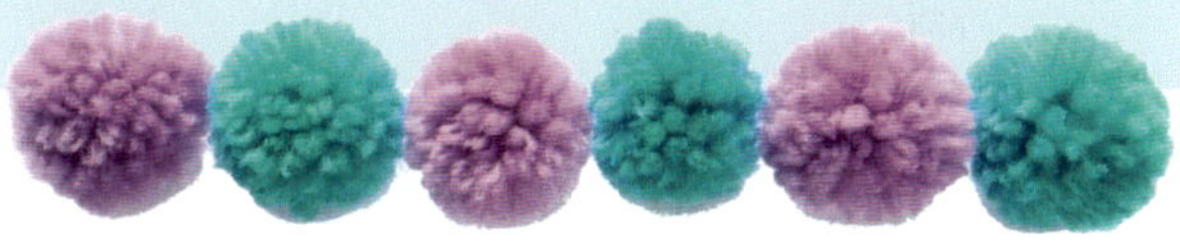

Weiterführende Ideen

- eine Bastelanleitung schreiben
- Sensorikflaschen zur freien Verfügung stellen (Stressabbauspielzeug in Freiarbeitsphasen)
- winterliche Adjektive *(glitzernd, weiß, kalt, leuchtend, still …)* und/oder Nomen *(Schnee, Kugeln, Tannenbaum …)* auf Zettel schreiben und den Flaschen zuordnen

Essen und Trinken

Material

- ✔ Rezept für „Plätzchenteig" und dort aufgeführte Zutaten und Utensilien *(siehe S. 51)*
- ✔ Milch, Kakaopulver
- ✔ Löffel, Tasse, individuelle Hilfsmittel

Durchführung

Bereiten Sie den Teig unter entwicklungsorientiertem Einbezug der Lernenden zu und rollen Sie ihn zusammen mit den Lernenden aus. Die Plätzchen werden im Ofen gebacken und später verziert.
Individuell können die Plätzchen, mit Kakao getränkt, zum Essen gereicht werden.

Weiterführende Ideen

- Lied „In der Weihnachtsbäckerei" von Rolf Zuckowski
- Plätzchen-Rechnen: Plätzchen aus Papier ausschneiden und ggf. laminieren, abzählen oder mit verschiedenen Zahlen beschriften und als Kettenaufgabe zusammenrechnen

TIPP: Schneemannsuppe

Besonders lecker ist ein warmer Kakao mit Marshmallows, die darin wie kleine Schneekugeln ausschauen.
Dazu bietet sich folgender Spruch an:

Kalt ist es draußen und es schneit,
warm eingepackt sind wir für den Winter bereit!
Wir rollen große Schneekugeln!
Daraus wird ein Schneemann gebaut
und alle lachen laut!
Nun haben wir kalte Füße!
Nicht schlimm,
denn wir sind schlau
und machen uns einen
warmen Kakao!

Gestaltarbeiten

Material

- ✔ CD mit Winterliedern oder -geschichten, CD-Player oder alternatives Abspielgerät, ggf. Toniebox-tonies
- ✔ deckende Malfarben und -utensilien
- ✔ feuchter Waschlappen, Handtuch zum Abtrocknen

Zusätzlich für das Murmelbild mit Walnüssen

- ✔ Kopiervorlage „Eichhörnchen" *(siehe S. 52)*, auf weißen DIN-A4-Tonkarton (ca. 200 g/m²) kopiert und ausgeschnitten
- ✔ Tonkarton (ca. 200 g/m²) (weiß)
- ✔ Karton/Kiste ca. 32 x 26 x 20 cm
- ✔ Walnüsse (alternativ: Haselnüsse)
- ✔ Schere
- ✔ einige Klebestreifen

Zusätzlich für das Fühl- und Matschbild

- ✔ kleine Zweige, ggf. Verzierungen, wie Perlen und Glitzer
- ✔ kleine Leinwand ca. 24 x 30 cm
- ✔ Heißkleber

Durchführung

Einleitend erklingen Winterlieder und die Lernenden betrachten sowie befühlen die von Ihnen bereitgestellten Materialien (Nüsse, Zweige). Sie werden verbal darauf eingestimmt, mit den Materialien zu gestalten. Die Lernenden sind entwicklungsorientiert in den Gestaltprozess einbezogen. Zum Abschluss der Gestaltarbeit wird eine Handwaschung (am Waschbecken oder in der Waschschale) ritualisiert durchgeführt.

1. Murmelbild mit Walnüssen „Eichhörnchen"

Das Eichhörnchen-Motiv wird auf Tonpapier kopiert, ausgeschnitten und mit Klebestreifen auf einen weißen Tonkarton geklebt. Das Blatt wird nun in einen Karton gelegt und mit Farbe bekleckst. Walnüsse werden hineingegeben und der Karton hin und her geschwenkt, bis die Farbe gut verteilt ist. Wird die Eichhörnchen-Vorlage abgenommen, bleibt das Motiv als Schattenbild zurück.

2. Fühl- und Matschbild „Tannenbaum"

Die Leinwand wird mit grüner Farbe gestaltet. Es bietet sich an, die Farbe mit den Händen oder einem Schwamm zu verstreichen. Nach dem Trocknen wird mit unterschiedlich langen Zweigstücken ein Tannenbaum aufgeklebt. Mit Perlen sowie Glitzer kann er als Weihnachtsbaum gestaltet werden.

Weiterführende Ideen

- Walnüsse knacken
- Lernangebot zur Tanne als immergrünem Baum
- Lied „Oh Tannenbaum" von August Zarnack

Massagereim

Material

- ✔ optional: Duftöl „Wald", „Fichte" o. Ä., Farblampe grün (alternativ ein grünes Laken), Spielfigur/Kuscheltier Eichhörnchen, CD-Player oder alternatives Abspielgerät mit Winterliedern
- ✔ Massagereim „Das Eichhörnchen im Winter" *(siehe S. 53)*

Durchführung

Lesen Sie den Massagereim langsam vor. Beim zweiten Lesen führen Sie nach Ansprache die vorgeschlagenen Massagegriffe aus. Am Ende kann der*die Lernende noch bei Winterliedern ruhen.

Weiterführende Ideen

- Lernangebot zum Eichhörnchen als winterruhendem Tier
- Lernangebot zu Tieren und Pflanzen in der stillen Jahreszeit

Beobachtungsbogen zum Sinnespfad „Winterfreuden“

Name: .... Schuljahr, Klasse: ....

Der*die Lernende ...	1. Beobachtung	2. Beobachtung
➜ zeigt besondere (kommunikative) Aktivität bei:		
Mitmachangebot mit Sinnesmitte „Schneeflöckchen, Weißröckchen“		
➜ lauscht intensiv		
➜ verfolgt Bewegungen mit den Augen		
➜ versucht, Bewegungen nachzuahmen		
Weiteres:		
Materialerfahrung Schnee und Eis		
➜ zeigt Gefallen an den Materialerfahrungen, zeigt besonderes Interesse an ...		
➜ befühlt eigenaktiv, greift		
➜ akzeptiert Kälte an den Händen		
Weiteres:		
Klanggeschichte „Winterfreuden“		
➜ lauscht intensiv		
➜ zeigt (erhöhte) Eigenaktivität – wann?		
➜ zeigt Gefallen am Klang der Instrumente		
Weiteres:		
Sensorikflaschen		
➜ zeigt erhöhte Eigenaktivität		
➜ hantiert mit den Flaschen – wie?		
➜ beobachtet intensiv		
Weiteres:		
Essen und Trinken – Plätzchen (mit Kakao)		
➜ akzeptiert die Konsistenz, kaut		
➜ schluckt (trocken oder eingeweicht)		
Weiteres:		
Gestaltarbeiten - Murmelbild und Fühlbild		
➜ zeigt Gefallen – besonderes Interesse an ...		
➜ zeigt Eigenaktivität – wann?		
Weiteres:		
Massagereim „Das Eichhörnchen im Winter“		
➜ lauscht der Geschichte		
➜ zeigt Gefallen an den Massagegriffen – wann und an welcher Körperstelle (nicht)?		
Weiteres:		

Kurzverschriftung der Beobachtungen: häufig ++ / gelegentlich + / selten o / nicht beobachtbar n. b.

Schneeflöckchen, Weißröckchen

Text: nach Hedwig Haberkorn (1837–1902)
Melodie: unbekannte Herkunft
Bearbeitung: Lucas A. E. Schmidt

1) Schneeflöckchen, Weißröckchen, wann kommst du geschneit? Du wohnst in den Wolken, dein Weg ist so weit.	(mit Händen Schnee zeigen, Finger sind zusammen und „ploppen“ auf, mit Zeigefinger hoch zu den Wolken zeigen)
2) Komm, setz dich ans Fenster, du lieblicher Stern, malst Blumen und Blätter, wir haben dich gern.	(mit einer Hand zum Kommen herwinken, mit der flachen Hand über die Brust streichen [gernhaben])
3) Schneeflöckchen, du deckst uns die Blümelein zu, dann schlafen sie sicher in himmlischer Ruh.	(eine Hand zur Faust machen und mit der anderen Hand „zudecken“, den Kopf geneigt auf die flache Hand „schlafend“ legen)
4) Schneeflöckchen, Weißröckchen, komm zu uns ins Tal. Dann bau’n wir den Schneemann und werfen den Ball.	(mit einer Hand zum Kommen herwinken, mit den Händen Ball formen und mit einer Hand den Wurf nachahmen)

Winterfreuden

Die Klangschale (oder: Triangel) und das Tamburin an entsprechenden Stellen sacht schlagen.
Das Zeitungspapier an den angegebenen Stellen zusammenknüllen und zwischen den Fingern reiben.

Es ist Winter, die kalte Jahreszeit voller Wunder. 1 x 

Susanne geht mit ihren Eltern spazieren. 5 x 

Sie ist eingepackt in eine warme Jacke, Mütze, Schal und Handschuhe. So kann ihr der eisige Wind nichts anhaben. 1 x 

Susanne freut sich, wenn sie eine Pfütze sieht. Durch die Kälte ist das Wasser gefroren und es knirscht, wenn sie darüberläuft.  (mit Papier knistern)

Am liebsten beobachtet sie aber Vögel. Sie fliegen von Baum zu Baum und sehen dabei so putzig aus. Susanne läuft an einem Busch vorbei. Auf den kahlen Zweigen sitzen drei Spatzen. 3 x 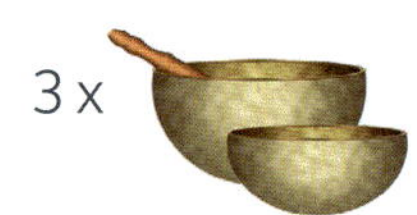

Eine Weile können Susanne und ihre Eltern die Spatzen beobachten, ehe sie davonfliegen. Einer der drei landet aber gleich wieder vorn beim Haselnussstrauch. Ob er dort etwas gefunden hat? Aufgeregt hopst er am Boden umher, ehe er davonfliegt.  (mit den Fingern „hopsen“)

Glücklich, aber mittlerweile etwas kalt um die Nase, beschließen die drei, sich wieder auf den Heimweg zu machen. 5 x 

Als sie fast zu Hause angekommen sind, beginnt es, ganz leicht zu schneien. Kleine Schneeflocken tanzen im Wind umher. 1 x 

Beim letzten Mal ist der Schnee nicht liegen geblieben. Susanne schließt die Augen und wünscht sich ein kleines Winterwunder. Wie schön wäre es, wenn der Schnee liegen bleibt. Dann würde sie morgen mit dem Schlitten zum Hügel am Spielplatz zum Rodeln gehen ... und du?

Plätzchen (für 4 Personen)

Zutaten

Mehl
(300 g)

Butter
(200 g, weich)

Zucker
Zucker
(3 EL)

Salz
(1 Prise)

0.00
Waage

Schüssel

Esslöffel

Teigrolle

Ausstechformen

Backblech und Backpapier

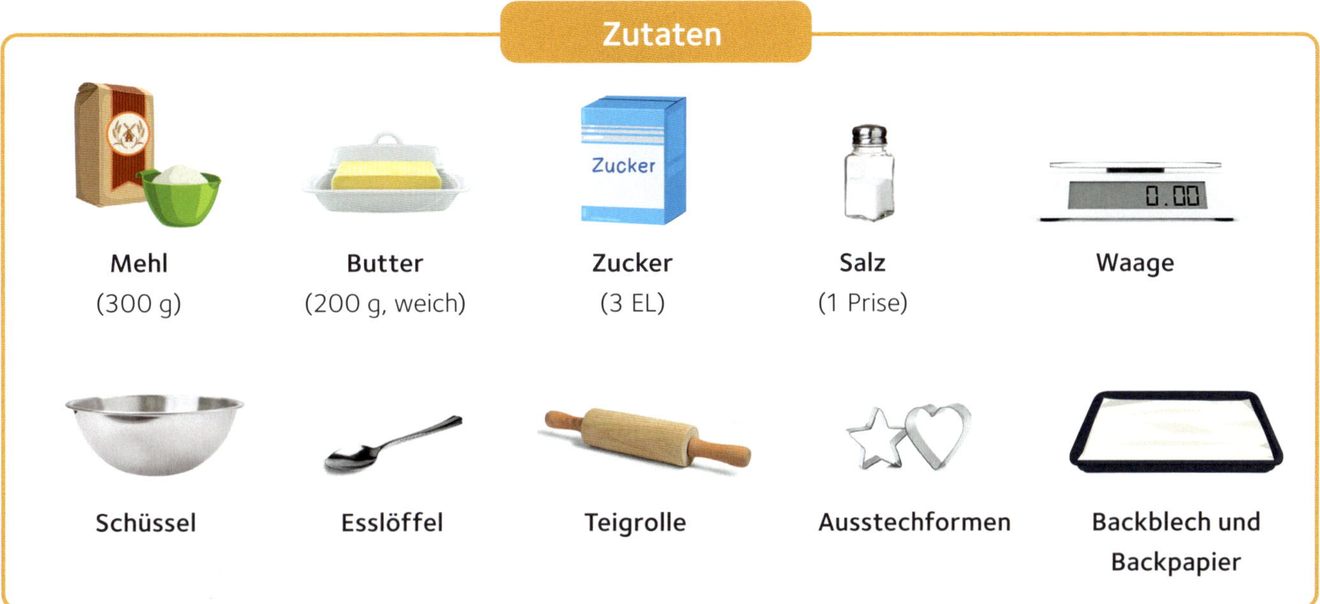

Anleitung

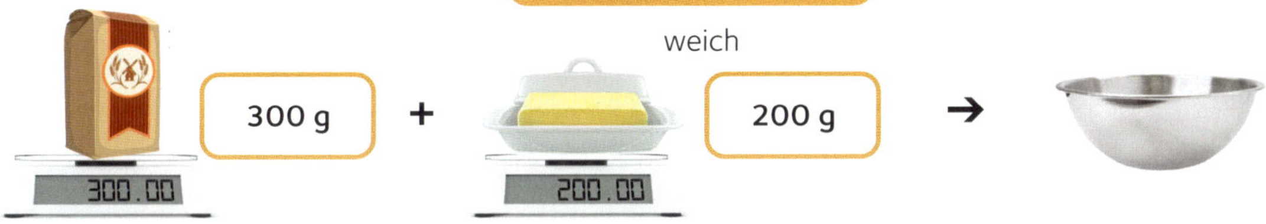
300.00
300 g
+
weich
200.00
200 g
→

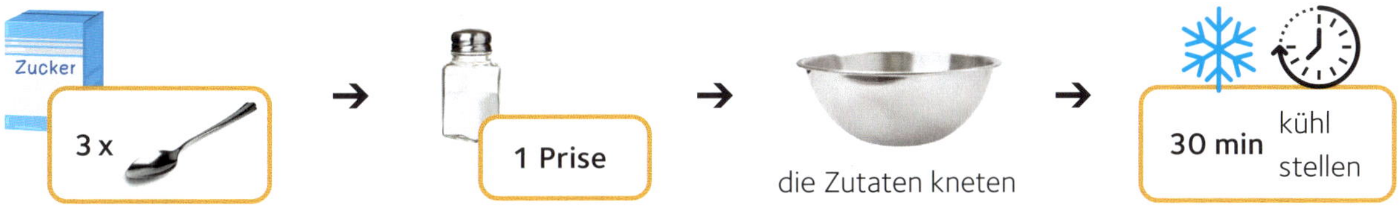
Zucker
3 x
→
1 Prise
→
die Zutaten kneten
→
30 min
kühl stellen

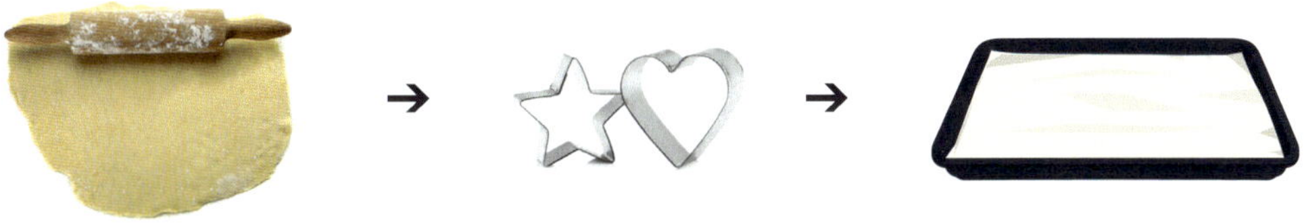
→
→

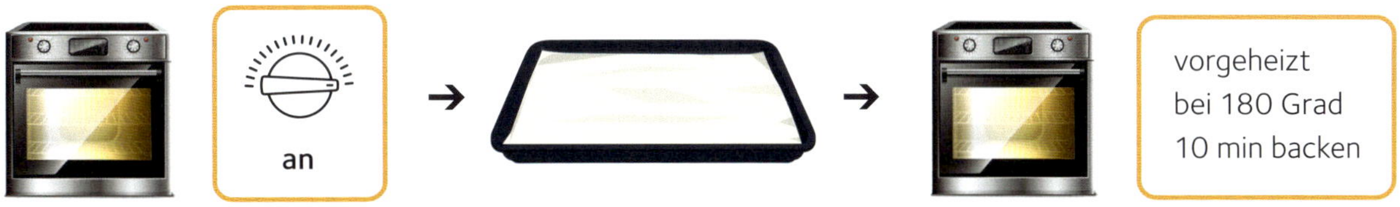
an
→
→
vorgeheizt
bei 180 Grad
10 min backen

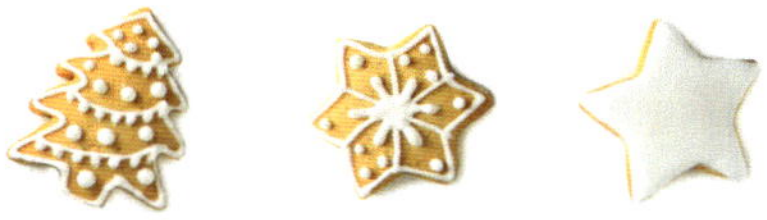

→

***Fertig!* Guten Appetit!**

evtl. mit Schokolade oder Streuseln verzieren

Eichhörnchen

Das Eichhörnchen im Winter

Rückenlage empfohlen. Zur Aktivierung können eine Farblampe (blau) und ein Eichhörnchen als Kuscheltier eingesetzt werden.

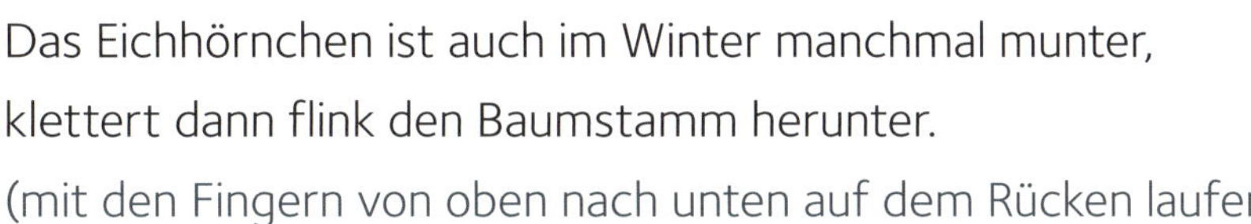

Das Eichhörnchen ist auch im Winter manchmal munter,
klettert dann flink den Baumstamm herunter.
(mit den Fingern von oben nach unten auf dem Rücken laufen)

Sein Magen ist leer, es wird vom Hunger geweckt,
hat sich im Herbst schon Nüsse versteckt.
(mit den Fingern mit etwas Druck auf dem Rücken graben)

Die Nüsse hat es gesammelt und vergraben, eine ganze Schar.
glücklicherweise das Eichhörnchen so fleißig war.
(mit den Fingern weiter graben, die Haut leicht kneten)

Flitzt nun schnell zu seinem Versteck,
gräbt dort am richtigen Fleck
und lässt es sich schmecken; bis der Hunger ist weg.
(im Rhythmus leichter Schmatz-Geräusche mit jeweils zwei Fingern auf den Rücken tippen)

Klettert nun wieder den Baum hinauf, schnell ins Nest
(in den Kobel) hinein
und schläft dort bald wieder ein.
(mit der flachen Hand über den Rücken streichen)

Sinnespfad „Regenbogen“
Mitmachreim mit Sinnesmitte „Lass uns unter dem Regenbogen tanzen!“
Regenrohre bauen (werkeln und den Geräuschen lauschen)
Aktiv mit dem (Gymnastik-)Ball
Schatzsuche im Regenbogenland (Stationen mit Experimenten)
Essen und Trinken (Quarkspeise)
Gestaltarbeiten (Matschbild mit Krepppapier, Matschbild mit Eis)
Massagegeschichte „Regenbogen“

Sinnespfad „Regenbogen"

Wetterphänomene erfahren die Lernenden unmittelbar und täglich, insbesondere dann, wenn sie sich im Freien aufhalten. Die Erfahrungen sind ganzkörperlich: Sie spüren die Wärme der Sonnenstrahlen und den Regen auf der Haut.
Der Regenbogen stellt hierbei eine eher seltene Wettererscheinung dar, welche jedoch in der Lebensumwelt der Lernenden allgegenwärtig ist. Der Regenbogen symbolisiert Toleranz, ist wunderschön anzuschauen und lässt die Welt bunt werden.

Mit diesem Sinnespfad lassen sich Anknüpfungspunkte zu verschiedenen Themenschwerpunkten schaffen:

- **Natur und Umwelt (Wetter, Experimente)**
- **Musik und Tanz**
- **Deutsch**
- **Wahrnehmung und Gestalten**

Mitmachreim mit Sinnesmitte

Material

- ✔ Mitmachreim „Lass uns unter dem Regenbogen tanzen!" *(siehe S. 60)*
- ✔ Chiffontücher in Regenbogenfarben (rot, orange, gelb, grün, blau, lila)
- ✔ große Pappen, Schere, schwarzer Stift
- ✔ deckende Malfarben und -utensilien
- ✔ CD mit Gute-Laune-Liedern, CD-Player oder alternatives Abspielgerät, ggf. Toniebox-tonies

Durchführung

Eine Sonne, eine Regenwolke sowie ein Regenbogen werden aus der Pappe gestaltet. Sie sollten so groß sein, dass sie beim Hochhalten gut sichtbar sind.
Sprechen Sie den Mitmachreim „Lass uns unter dem Regenbogen tanzen!" wie auf der Kopiervorlage dargestellt und führen Sie die aufgeführten Bewegungen aus.

Weiterführende Ideen

- Zuordnungsübung Farben
- Lied „Ich schenk dir einen Regenbogen" von Tara Zintel

Regenrohre bauen

Material

- ✔ leere Verpackung (Dose) von Stapelchips mit Deckel
- ✔ etwa 15 Nägel oder Schrauben, Hammer
- ✔ Reis
- ✔ Stück Backpapier (ca. 15 x 15 cm), Bindeband
- ✔ Heißkleber
- ✔ Gestaltmaterialien, z. B. Kreppband

Durchführung

Ein paar Nägel oder Schrauben werden in unregelmäßigen Abständen von unten nach oben in die leere Chips-Dose geschlagen. Die Außenseite der Dose kann anschließend nach Belieben bunt gestaltet werden.
Etwa ein Viertel der Dose wird mit Reis befüllt und der Deckel fest mit Heißkleber zugeklebt. Dekorativ schaut es aus, wenn ein Stück Backpapier um den Deckel herumgeschlagen und mit einem Band befestigt wird.
Durch langsames Neigen und Drehen der Dose rieselt der Reis an den eingeschlagenen Nägeln vorbei und es entsteht ein Regengeräusch.

Weiterführende Ideen

- Lernangebot zum Wetterphänomen Regen
- Regen-Wörter schreiben

Aktiv mit dem (Gymnastik-)Ball

Material

- ✔ Gymnastikball
- ✔ je nach Lernausgangslage andere Sinnesbälle z. B. Tastbälle, Vibrationsbälle, Glöckchenbälle, Bällebad u. Ä.

Durchführung

Aufgrund der heterogenen Lernausgangslage werden hier keine spezifischen Übungsvorschläge gegeben, da die Palette an Möglichkeiten zur Förderung mit Bällen sehr breit ist.

Das Thema „Wetter" kann als Ausgangspunkt dienen, um in Absprache mit den Therapeut*innen eine Motorikförderung in den Fokus zu nehmen. Der Ball steht dann stellvertretend für die Sonne.

Eine Herzensempfehlung ist die Anschaffung eines Vibrationsballs (Massageball mit Vibrationsfunktion, ca. 8 cm Durchmesser). Damit konnten sehr gute Erfahrungen in der basalen Förderung gemacht werden.

Weiterführende Ideen

- Lernangebote zum Himmelskörper Sonne
- geometrische Körper: die Kugel
- Schwungtuchangebote, z. B. Ball auf dem Tuch bewegen

Schatzsuche im Regenbogenland

Material

- ✔ Kopiervorlage „Stempelkarte Regenbogenland" und „Malvorlage: Regenbogen" *(siehe S. 61)*, kopiert auf Tonkarton (ca. 200 g/m²)
- ✔ Stempel, z. B. Sonne
- ✔ Schatz (z. B. kleine Kiste mit Schokomünzen)
- ✔ Material für Stationen gemäß den nachfolgenden Hinweisen *(siehe rechte Spalte)*
- ✔ Malkittel bzw. Schürze

Durchführung

Verstecken Sie einen Schatz, beispielsweise im bunten Bällebad der Schule, und bereiten Sie anhand der Beschreibung unten vier Schatzstationen vor.

Die Lernenden begeben sich im Freien oder im Schulgebäude gemeinschaftlich auf Schatzsuche. Mitlernende können als Lernpartner*innen fungieren und bei der Umsetzung der Aufgaben an den Stationen unterstützen. Haben die Schüler*innen eine Stationsaufgabe erfolgreich abgeschlossen, können sie diese auf der Stempelkarte abstempeln.

Nach dem Stationslauf bekommen sie von Ihnen einen Hinweis zum Versteck des Schatzes und begeben sich auf die Suche dorthin.

Schatzstation 1: Blubberspaß

Zur Vorbereitung werden Plastikbecher oder Silikon-Muffinförmchen zur Hälfte mit Natron gefüllt und vorsichtig mit etwas Wasser durchmischt – sodass eine Masse entsteht, die in den Förmchen festgedrückt werden kann. Je nach Feuchtegrad lässt man die Masse ein bis zwei Nächte trocknen. Danach kann man sie aus den Muffinförmchen herauslösen und auf ein Tablet stellen (alternativ kann die Masse auch darin verbleiben).

Die Lernenden können nun mithilfe eines mit Lebensmittelfarbe eingefärbten Essig-Wasser-Gemisches (Verhältnis 1:1) die kleinen Natrontürme mit einer Pipette zum „Schmelzen" bringen.

Schatzstation 2: Wasserkreide

Zur Vorbereitung werden vier Esslöffel Speisestärke so lange mit Wasser vermischt, bis die Mischung wässrig ausschaut und nicht mehr klebt. Die Mischung wird mit wenigen Tropfen Lebensmittelfarbe eingefärbt. Wiederholen Sie den Vorgang mit weiteren Farben. Es werden so viele Farbmischungen benötigt, wie Farben in einem Regenbogen sind. Mit einem breiten Malerpinsel kann nun ein Regenbogen auf Asphalt gemalt werden.

Schatzstation 3: Luftballons einsammeln

Verteilen Sie Luftballons auf der Wiese oder in der Turnhalle, die von den Lernenden eingesammelt werden müssen.

Schatzstation 4: Dot-Painting

Kopieren Sie (auf DIN-A4-Format vergrößert) die Regenbogen-Malvorlage auf weißen Tonkarton. Der Regenbogen kann von den Lernenden ausgemalt oder mit Dot-Painting-Stiften bepunktet werden.

TIPP: DIY-Stifte für Dot-Painting

Material
- ✔ leere PET-Flasche 300/500 ml
- ✔ Fingermalfarbe, Wasser
- ✔ Stift, Spülschwamm
- ✔ Schere, Heißkleber

In eine gereinigte PET-Flasche werden etwa sechs Esslöffel Fingermalfarbe gefüllt und mit etwa 100 ml Wasser verdünnt (das Verhältnis schwankt in Abhängigkeit von der gewählten Farbe und sollte vorher ausprobiert werden). Aus dem Schwamm wird ein kreisförmiges Stück, etwas größer als der Durchmesser der Flaschenöffnung ausgeschnitten und, fixiert mit Heißkleber, in die Flaschenöffnung gesteckt. Durch etwas Druck auf die Flasche dringt die Farbe durch den Schwamm und es kann gestempelt werden.

Essen und Trinken

Material

Rezept für „Quarkspeise" und dort aufgeführte Zutaten und Utensilien *(siehe S. 62)*

Durchführung

Die Quarkspeise wird anhand des Rezeptes unter entwicklungsorientiertem Einbezug der Lernenden zubereitet und in kleinen Schälchen angereicht.

Weiterführende Idee

Lernangebote zu Milchprodukten und zur Herstellung von Quark

Gestaltarbeiten

Material

- ✔ CD mit Gute-Laune-Liedern, CD-Player oder alternatives Abspielgerät, ggf. Toniebox-tonies
- ✔ feuchter Waschlappen, Handtuch zum Abtrocknen
- ✔ wasserfeste Tischunterlage

Zusätzlich für das Matschbild mit Krepp

- ✔ Tonkarton (ca. 200 g/m²) in DIN-A4-Format (weiß)
- ✔ Krepppapier in vielen Farben
- ✔ mit Wasser gefüllte Schälchen und/oder Sprühflasche
- ✔ Schwamm

Zusätzlich für das Matschbild mit Eis

- ✔ Fingermalfarben oder Lebensmittelfarbe
- ✔ Tonkarton (ca. 200 g/m²) in DIN-A4-Format (weiß)
- ✔ Eiswürfelformen und Gefrierfach
- ✔ Löffel
- ✔ Wasser und Eisstiele

Durchführung

Die Lernenden werden mit den verwendeten Utensilien vertraut gemacht und sind beim Matschen entwicklungsorientiert einbezogen.

1. Matschbild mit Krepppapier

Der weiße Tonkarton wird vollständig mit gerissenem Krepppapier bedeckt.
Anschließend wird das Ganze mit Wasser großzügig eingesprüht oder es wird Wasser mithilfe des Schwammes über dem Papier verteilt. Die Krepppapierschnipsel werden auf den Tonkarton gut angedrückt und bereits nach etwa 2 Minuten im noch nassen Zustand vom Papier abgehoben (Achtung, das Krepppapier färbt stark!).

2. Matschbild mit Eis

Zwei Esslöffel Wasser werden in je einen Eiswürfelbehälter gefüllt und mit Fingermalfarbe gemischt. Die Farbeiswürfel werden ins Gefrierfach gelegt und kurz vor dem vollständigen Gefrieren mit Eisstielen versehen.
Mit den fertigen Eiswürfeln kann nun, beispielsweise zu Musik, gemalt werden.

Weiterführende Ideen

- aus den getrockneten Matschbildern Herzen ausschneiden und damit Glückwunschkarten gestalten.
- auf die Matschbilder Wörter/Adjektive zum Thema Regenbogen schreiben, z.B. schön, bunt, gelb

Massagegeschichte

Material

- Massagegeschichte „Regenbogen“ *(siehe S. 63)*
- vorgefertigte, große Figuren „Sonne“, „Regenwolke“ und „Regenbogen“ aus festem Papier/Karton
- CD mit Regengeräuschen und/oder ruhigen Liedern, CD-Player oder alternatives Abspielgerät, ggf. Toniebox-tonies
- ggf. Wärmesäckchen

Durchführung

Lesen Sie die Massagegeschichte langsam vor und führen Sie beim zweiten Durchgang nach Ansprache die vorgegebenen Massagegriffe aus.
Am Ende der Massagegeschichte ruht der*die Lernende bei ruhigen Regengeräuschen oder leiser Musik.

Weiterführende Ideen

- Vorlesen einer zum Thema passenden Geschichte
- eine Regenbogengeschichte schreiben
- kleine Regenbögen ausschneiden und jeweils an die Enden der Regenbögen die „verliebten Zahlen“ (z.B. 2 und 8) schreiben
- Lernangebot zur Entstehung eines Regenbogens, Experimente mit Wasser und Licht

Beobachtungsbogen zum Sinnespfad „Regenbogen“

Name: .... Schuljahr, Klasse: ....

Der*die Lernende ...	1. Beobachtung	2. Beobachtung
→ zeigt besondere (kommunikative) Aktivität bei:		
Mitmachreim mit Sinnesmitte „Lass uns unter dem Regenbogen tanzen!“		
→ zeigt erhöhte Aktivität bei ...		
→ ahmt Bewegungen nach		
→ läuft/fährt unter dem Regenbogen hindurch		
Weiteres:		
Regenrohre bauen		
→ zeigt Interesse am Regenrohr		
→ gestaltet aktiv mit		
→ führt Drehbewegungen mit dem Regenrohr aus		
Weiteres:		
Aktiv mit dem (Gymnastik-)Ball		
→ zeigt erhöhte Eigenaktivität - was? Wann?		
→ spielt mit dem Ball, rollt ihn		
Schatzsuche im Regenbogenland		
→ erhöhte Eigenaktivität/erhöhtes Interesse bei ...		
→ beobachtet interessiert		
→ nutzt die Pipette materialgerecht		
→ malt mit Pinsel		
→ sammelt Luftballons ein		
→ bestempelt		
Weiteres:		
Essen und Trinken – Quarkspeise		
→ schluckt und lutscht (Schokolinsen)		
→ zeigt Gefallen am Quarkgeschmack		
Weiteres:		
Gestaltarbeiten – Matschbilder		
→ akzeptiert/gestaltet mit dem Material Krepppapier		
→ zeigt erhöhte Eigenaktivität bei ...		
Weiteres:		
Massagegeschichte „Regenbogen“		
→ zeigt Wohlgefallen, besonders bei ...		
→ akzeptiert die Massagegriffe		
→ zeigt sich entspannt		
Weiteres:		

Kurzverschriftung der Beobachtungen: häufig ++ / gelegentlich + / selten o / nicht beobachtbar n. b.

Lass uns unter dem Regenbogen tanzen!

Chiffontücher (rot, orange, gelb, grün, blau, lila) werden an die Lernenden verteilt und von diesen in den Händen gehalten (alternativ: an einem Haargummi befestigt als Armband getragen).

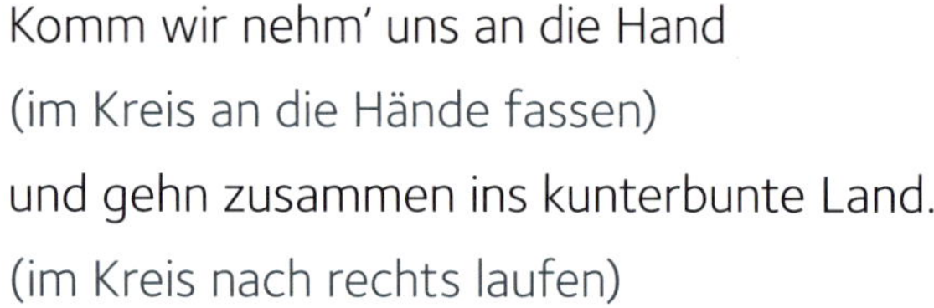

Komm wir nehm' uns an die Hand
(im Kreis an die Hände fassen)
und gehn zusammen ins kunterbunte Land.
(im Kreis nach rechts laufen)

All die Farben – wir kennen sie genau:
rot, orange, gelb, grün (lila) und auch blau.
(die passenden Chiffontücher werden hochgehalten)

Die Farben strahlen im Sonnenglanz
und laden uns zum Tanz.
(die Lernenden tanzen an ihrer Stelle im Kreis,
eine gebastelte Sonne wird von der Lehrperson hochgehalten)

Da hinten kommt Regen, aber nicht so schlimm!
(eine gebastelte Regenwolke wird von der Lehrperson hochgehalten)
Zeigt sich jetzt der Regenbogen – Simsalabim!
(ein gebastelter Regenbogen wird von zwei Personen so hochgehalten,
dass die Lernenden unter dem Regenbogen hindurchlaufen können)

Wir lachen munter und singen froh,
springen und tanzen sowieso!
(Gute-Laune-Lieder werden angespielt)

Stempelkarte „Regenbogenland“

Malvorlage „Regenbogen“

Quarkspeise (für 4 Personen)

Zutaten

Anleitung

→ →

500 g + Zucker 1 x →

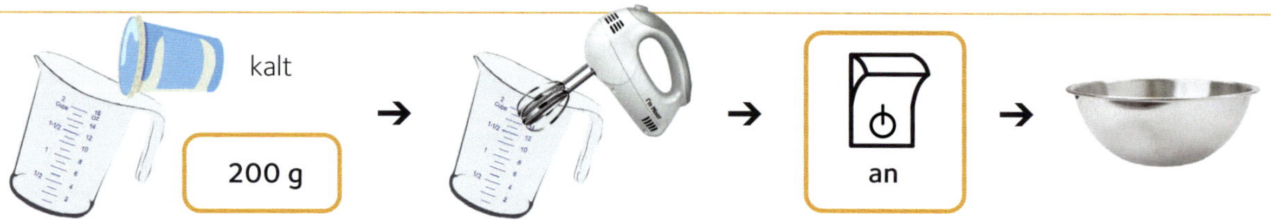

kalt 200 g → → an →

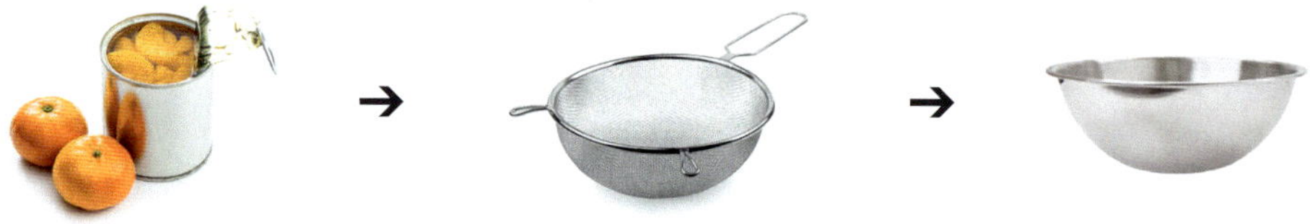

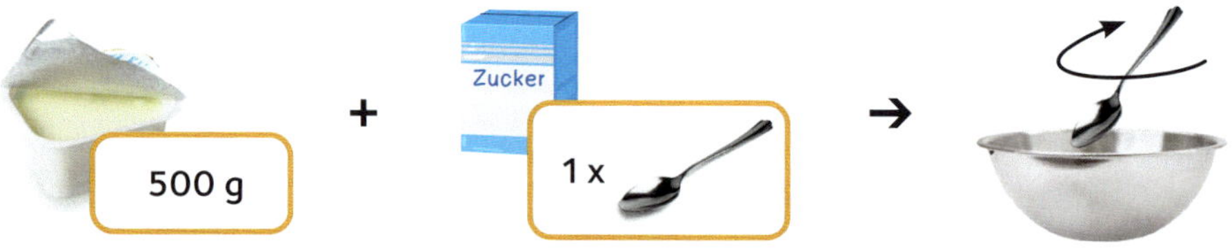

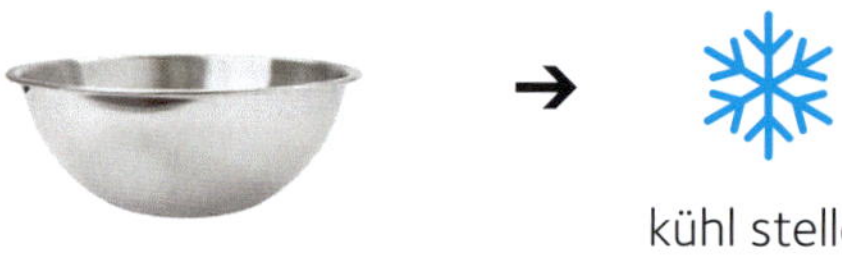

→ kühl stellen

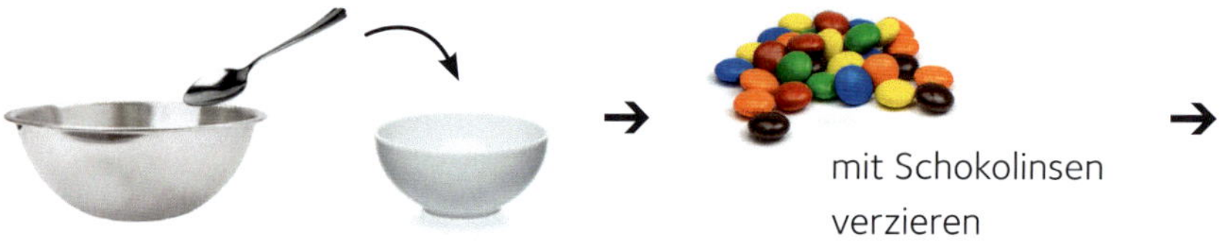

→ mit Schokolinsen verzieren →

Fertig!
Guten Appetit!

Regenbogen

Die Massage ist auf einem Arm oder dem Rücken durchführbar.

Heute scheint die Sonne.
(kreisende Bewegungen mit der Hand/mit einem Wärmesäckchen)

Die Sonnenstrahlen wärmen uns.
(mit den Händen/mit dem Wärmesäckchen Sonnenstrahlen streichen)

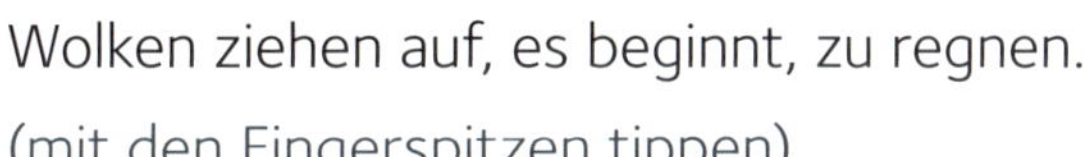

Wolken ziehen auf, es beginnt, zu regnen.
(mit den Fingerspitzen tippen)

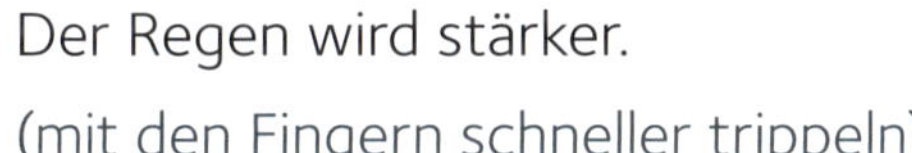

Der Regen wird stärker.
(mit den Fingern schneller trippeln)

Der Regen hört langsam auf.
(mit den Fingerspitzen immer langsamer tippen)

Mit der Sonne im Rücken schauen wir zu den Regenwolken
und sehen einen wunderschönen Regenbogen.
(die Farben des Regenbogens Rot, Orange, Gelb, Grün, Blau und Violett
aufzählen und für jede Farbe einen Bogen mit der Handfläche streichen)

Zum Abschluss kann der*die Lernende ruhen. Dazu bietet es sich an,
leise Regengeräusche oder ruhige Lieder, z. B.
„Ich schenk dir einen Regenbogen“ von Tara Zintel, abzuspielen.

Sinnespfad „Auf der Wiese“
Sinnesmitte
„Wiese“
Samenbomben herstellen
(anfertigen und in der Natur auswerfen)
Lichttisch mit Mitmachgeschichte
„Die bunte Blumenwiese“
Mitmachlied
„Auf unsrer Wiese seh' ich was“
Essen und Trinken
(grüner Smoothie)
Gestaltarbeiten
(Matschbild „Wiese“, Kartoffeldruck)
Massagegeschichte mit Handbad
„Auf der Wiese“

Sinnespfad „Auf der Wiese“

Je wärmer es im Frühling wird, desto mehr lässt sich in der Natur entdecken. Speziell auf der Wiese lassen sich viele kleine Besonderheiten finden. Mit ihren kräftigen Farben, den Geräuschen, Bewohnern und Düften ist die Wiese ein facettenreiches Lernfeld, das auch im Klassenraum erlebbar gemacht werden kann.

Mit diesem Sinnespfad lassen sich Anknüpfungspunkte zu wesentlichen Lernbereichen schaffen, u. a.

- **Natur und Umwelt (Pflanzenwachstum, Schichten des Bodens, Tiersteckbriefe)**
- **Selbstversorgung**
- **Wahrnehmung und Gestalten**
- **Deutsch**

Sinnesmitte

Material

- ✔ Duftöl, z. B. „Jasmin“, „Rose“, „Gras“
- ✔ Farblampe grün (alternativ: grünes Laken)
- ✔ grünes Tuch oder Flies
- ✔ Wiesenblumen, z. B. Gänseblümchen
- ✔ Grasnarbe
- ✔ Deko-Gegenstände und Figuren, z. B. Marienkäfer, Schnecke, Regenwurm ...
- ✔ Sprechtaste o. Ä., bespielt mit Frühlingsliedern oder Wiesengeräuschen *(Bezugsmöglichkeiten für Geräusche siehe S. 7)*

Durchführung

Die Kreismitte wird mit den oben aufgeführten Materialien vorbereitet. Diese sollten sich im Sichtfeld der Lernenden befinden. Der Kreis kann ritualisiert mit einem Signal (z. B. Klangschale) eröffnet werden. Im Hintergrund sind leise Wiesengeräusche zu hören. Stimmen Sie die Lernenden darauf ein, gedanklich mit auf die Wiese zu kommen. Die Kreismitte lädt zum gemeinsamen Entdecken ein. Zusammen werden die Naturmaterialien und Deko-Gegenstände erkundet. Für eine Ganzkörpererfahrung kann der*die Lernende in das grüne Laken gehüllt werden. Bei Verdunkelung des Raumes kann die Sinnesmitte mit dem Lichttischangebot der nachfolgenden Seite verknüpft werden.

Weiterführende Ideen

- ein geeignetes Bilderbuch zum Erzählen im Kreis nutzen
- Tiernamen aufschreiben und zuordnen

Samenbomben herstellen

Material

- ✔ 200 g Tonerde (optional, schützt z. B. vor Vögeln und gibt eine bessere Form)
- ✔ 200 g Pflanzerde
- ✔ 50 g Wiesenblumensamen
- ✔ Sieb, Wasser, Kleidungsschutz, wasserfeste Unterlage
- ✔ Waschlappen, Handtuch zum Abtrocknen

Durchführung

Die Materialien liegen griffbereit. Der*die Lernende sollte in einer Position sitzen, in der eine gute Handführung möglich ist.
Die Pflanzerde wird durch das Sieb geschüttet. Anschließend kommen die Tonerde und die Samen dazu.
Darauf wird etwas Wasser geträufelt und die Materialien werden mit den Händen vermischt. Die Konsistenz sollte einem Kuchenteig ähneln. Wenn alles gut vermischt ist, werden kleine Kügelchen (Samenbomben) geformt. Diese können nach einer Trockenzeit von drei Tagen an geeigneter Stelle ausgeworfen werden.

Weiterführende Ideen

- Beobachtungsprotokoll zum Pflanzenwachstum
- Wiesenpflanzenkunde
- Lernangebote zur Bedeutung einer Wildblumenwiese und zu Bienen

Lichttisch mit Mitmachgeschichte

Material

- grünes Transparentpapier (laminiert)
- Triangel
- Kopiervorlage „Blumen“ *(siehe S. 72)*
- Mitmachgeschichte „Die bunte Blumenwiese“ *(siehe S. 74)*
- ggf. Klettpunkte
- ggf. Picknickdecke
- Pappe (ca. DIN-A4-Format)
- Lichttisch *(Hinweise S. 78)*

Durchführung

Der Raum wird abgedunkelt und der*die Lernende wird an den Lichttisch gesetzt oder bekommt diesen auf den Therapietisch gestellt. Auch ein Arbeiten in Bauchlage auf einem Keil ist möglich. Gerne kann der*die Lernende auch auf einer Picknickdecke auf dem Boden sitzen. Das laminierte, grüne Transparentpapier liegt auf dem Lichttisch (je nach Helligkeitsgrad des Lichtes kann die Leuchtkraft des verwendeten Papiers variieren). Die ausgeschnittenen und laminierten Blumen von der Kopiervorlage, die Pappe und der Triangel sind griffbereit. Lesen Sie die Mitmachgeschichte vor und führen Sie beim zweiten Durchlauf die Mitmachangebote aus.

Weiterführende Ideen

- Zählübung mit Blumen
- einen Blumenstrauß pflücken und verschenken, eine Grußkarte dazu gestalten

Mitmachlied

Material

- Mitmachlied „Auf unsrer Wiese seh' ich was“ *(siehe S. 70)*
- Rasseln (z. B. Eierrasseln)
- optional Bilder oder Spielfiguren zu Biene, Marienkäfer, Spinne und Schnecke

Durchführung

Die Eierrasseln können in Vorbereitung mit den Lernenden gemeinsam hergestellt werden. Dazu eignen sich mit Reis gefüllte Kunststoff-Ostereier.

Die Lernenden befinden sich in einer für sie angenehmen Sitz- oder Liegeposition. Je nach Lernausgangslage sind die Lernenden entwicklungsorientiert einbezogen. Singen Sie das Lied mit den zugehörigen Handbewegungen. Machen Sie beim zweiten Durchgang nach jeder Strophe eine kleine Pause und lösen Sie das Tierrätsel der jeweiligen Strophe auf. Verwenden Sie optional die Eierrasseln zur Begleitung und motivieren Sie anschließend die Lernenden zum Mitmachen.

Weiterführende Ideen

- Wiesentiersteckbriefe oder Plakate verfassen
- Wiesentiere in der Natur beobachten

Essen und Trinken

Material

- Rezept für „Grünen Smoothie“ und dort aufgeführte Zutaten und Utensilien *(siehe S. 71)*
- individuelle Trinkhilfen *(Hinweise S. 14/15)*

Durchführung

Der Smoothie wird anhand des Rezeptes unter entwicklungsorientierten Einbezug der Lernenden zubereitet. Beispielsweise kann der Mixer mithilfe eines Netzschaltadapters (PowerLink) bedient werden.

Weiterführende Ideen

- Lernangebot zu Maßangaben
- Schätzaufgaben zu Flüssigkeiten
- Schüttübungen mit Schüsseln und Kellen

Gestaltarbeiten

Material

- ✔ deckende Malfarben und -utensilien
- ✔ CD mit Wiesengeräuschen oder Frühlingsliedern, CD-Player oder alternatives Abspielgerät, ggf. Toniebox-tonies *(Bezugsmöglichkeiten für Geräusche siehe S. 7)*
- ✔ Waschlappen, Handtuch zum Abtrocknen

Zusätzlich für das Kartoffeldruckbild „Wiesenblumen":

- ✔ große Kartoffeln
- ✔ Schneidebrett und kleines Messer
- ✔ Plätzchenausstecher „Blume" und evtl. „Wiesentiere"
- ✔ Tonkarton (ca. 200 g/m²) in DIN-A3-Format (grün)
- ✔ Zeitungspapier

Zusätzlich für das Matschbild „Wiese":

- ✔ Fingermalfarbe (grün), weitere Farben nach Wahl
- ✔ Tonkarton (ca. 200 g/m²) in DIN-A3-Format (weiß)

TIPP: DIY-Fingermalfarbe

Zutaten

- ✔ 100 ml kaltes Wasser
- ✔ 5 EL Mehl (für festere Konsistenz 2 EL Stärke und 2 EL Mehl)
- ✔ flüssige Lebensmittelfarbe

Mehl und Wasser zusammenrühren und nach Belieben mit Lebensmittelfarbe einfärben.

Durchführung

Die Wiesengeräusche werden abgespielt und können im Hintergrund während des Arbeitens weiterlaufen. Stimmen Sie die Lernenden auf die Gestaltaufgaben ein.

1. Kartoffeldruckbild „Wiesenblumen"

Die Kartoffeln werden als Naturmaterial zunächst von den Lernenden erkundet.

Für den Kartoffeldruck wird eine rohe Kartoffel auf dem Schneidebrett mit dem Messer halbiert. Bei großen Motiven kann dafür die Kartoffel längs halbiert werden (es sollten stets ebene Schnittflächen entstehen).

Die Ausstecher werden zu zwei Dritteln in die Schnittfläche der Kartoffel gedrückt.

Anschließend kann mit dem Messer vorsichtig ca. 1 cm der Kartoffel um den Ausstecher herum weggeschnitten werden. Nach dem Entfernen des Ausstechers kann es mit dem Drucken losgehen. Dazu werden die Kartoffelstempel mit Zeitungspapier abgetupft und mit ausreichend Farbe bestrichen. Die Kartoffelstempel sollten möglichst gerade auf das Papier gedrückt werden, damit die volle Fläche abfärbt. Wenn die Farbe gewechselt werden soll, müssen die Kartoffeln mit kaltem Wasser abgespült und wieder trocken getupft werden.

2. Matschbild „Wiese"

Auf den Tonkarton große Kleckse mit grüner Malfarbe geben und diese mit den Händen großzügig verstreichen. Die Hände säubern. Nach dem Trocknen mit den Fingern in beliebige Farben eintauchen und bunte Punkte auf das grüne Wiesenbild drücken, bis eine Blumenwiese entstanden ist.

Weiterführende Ideen

- eigene Stempelmotive erstellen
- Lernangebot zur Kartoffel

Massagegeschichte

Material

- ✔ optional: Duftöl „Wiese", „Rose" o. Ä., Farblampe grün (alternativ: grünes Laken)
- ✔ Massagegeschichte „Auf der Wiese" *(siehe S. 73)*
- ✔ CD mit Vogelgesängen oder Frühlingsliedern, CD-Player oder alternatives Abspielgerät, ggf. Toniebox-tonies

Durchführung

Zur Sinnesaktivierung können die Farblampe und das Duftöl eingesetzt werden. Lesen Sie die Massagegeschichte langsam vor und führen Sie beim zweiten Durchlauf nach Ansprache die angegebenen Massagegriffe aus.

Weiterführende Ideen

- Lernangebot zu den Stockwerken der Wiese
- Bewegungsangebot „Bewegen wie die Wiesentiere"
- Handmassage mit anschließendem grünen (Hand-) Sprudelbad gemäß nachfolgender DIY-Anleitung

TIPP: DIY-Badebomben (5 Stück)

Zutaten

- ✔ 250 g Natron
- ✔ 125 g Zitronensäure (in Pulverform)
- ✔ 100 g Speisestärke
- ✔ 100 g Kokosöl
- ✔ flüssige, grüne Lebensmittelfarbe

Vermischen Sie Natron, Zitronensäure sowie Speisestärke in einer Schüssel und erhitzen Sie das Kokosöl auf kleinster Stufe in der Pfanne. Das flüssige Kokosöl wird der Mischung aus Natron, Zitronensäure und Speisestärke beigegeben und mit einigen Tropfen Lebensmittelfarbe zusammen vermengt. Ist die Masse zu feucht bzw. zu trocken, geben Sie noch etwas Speisestärke bzw. Kokosöl hinzu. Formen Sie anschließend aus der Masse kleine Kugeln (dabei Handschuhe tragen) und lassen Sie diese zwei Tage lang trocknen.

Die Badekugeln können für ein Handbad verwendet und hierfür in eine Schüssel mit warmem Wasser gegeben werden. Das Sprudeln macht das Handbad zu einem besonderen Erlebnis.

Beobachtungsbogen zum Sinnespfad „Auf der Wiese“

Name: .... Schuljahr, Klasse: ....

Der*die Lernende ...	1. Beobachtung	2. Beobachtung
➜ zeigt besondere (kommunikative) Aktivität bei:		
Sinnesmitte „Wiese“		
➜ lauscht intensiv		
➜ reagiert positiv auf Materialerfahrung		
➜ betrachtet Gegenstände		
Weiteres:		
Samenbomben herstellen		
➜ zeigt Gefallen an der Materialerfahrung, zeigt besonderes Interesse an ...		
➜ befühlt eigenaktiv, greift		
➜ akzeptiert klebrige Konsistenz an den Händen		
Weiteres:		
Lichttisch und Mitmachgeschichte „Die bunte Blumenwiese“		
➜ schaut intensiv		
➜ zeigt (erhöhte) Eigenaktivität – wann?		
➜ zeigt Gefallen an Farben und Licht		
Weiteres:		
Mitmachlied „Auf unsrer Wiese seh' ich was“		
➜ zeigt erhöhte Eigenaktivität		
➜ lauscht dem Gesang		
➜ nutzt Rasseln selbstständig		
Weiteres:		
Essen und Trinken – Grüner Smoothie		
➜ akzeptiert die Konsistenz, schluckt		
➜ zeigt Eigeninitiative bei ...		
Weiteres:		
Gestaltarbeiten – Kartoffeldruck und Matschbild (Wiese)		
➜ zeigt Gefallen – besonderes Interesse an ...		
➜ zeigt Eigenaktivität – wann?		
Weiteres:		
Massagegeschichte „Auf der Wiese“		
➜ lauscht der Geschichte		
➜ zeigt Gefallen an den Massagegriffen – Wann und an welcher Körperstelle (nicht)?		
Weiteres:		

Kurzverschriftung der Beobachtungen: häufig ++ / gelegentlich + / selten o / nicht beobachtbar n. b.

Auf unsrer Wiese seh’ ich was

Musik und Text: nach „Auf unserer Wiese gehet was“, Volksweise von Heinrich Hoffmann von Fallersleben (19. Jh.)
Bearbeitung: Lukas E. Schmidt

(die Spitzen von Zeigefinger und Daumen zusammenlegen und durch die Luft fliegen)

2) Auf unsrer Wiese seh’ ich was,
sitzt auf einem Grashalm.
Es hat ein rotes Röcklein an,
trägt auch schwarze Punkte.
Krabbelt umher – schwupp di wupp.
Krabbelt umher – schwupp di wupp.
Wer kann es erraten?
(mit den Fingern „krabbeln“)

3) Auf unsrer Wiese seh’ ich was,
kriecht von dort nach drüben.
Es hat ein braunes Röcklein an,
trägt auch schwer das Häuschen.
Ist so langsam – o ho o.
Ist so langsam – o ho o.
Wer kann es erraten?
(mit dem Zeigefinger langsam den Arm entlangfahren)

4) Auf unsrer Wiese seh’ ich was,
baut hier seine Netze.
Hat ein schwarzes Röcklein an
und acht schwarze Beine.
Ist ganz fleißig – toll, toll, toll.
Ist ganz fleißig – toll, toll, toll.
Wer kann es erraten?
(beide Daumen aneinanderlegen und mit den übrigen Fingern Krabbelbewegungen ausführen)

Grüner Smoothie (für 2 Personen)

Zutaten

Bananen (2 Stück)

Äpfel (2 Stück)

Spinat (2 Hände)

Apfelsaft (200 ml)

Speiseöl (1 TL)

Wasser (200 ml)

Messbecher

Teelöffel

Mixer

Schneidebrett und Messer

Gläser (2 Stück)

Anleitung

schälen – je 2 Stück – Kerngehäuse entfernen → waschen → in Stücke schneiden →

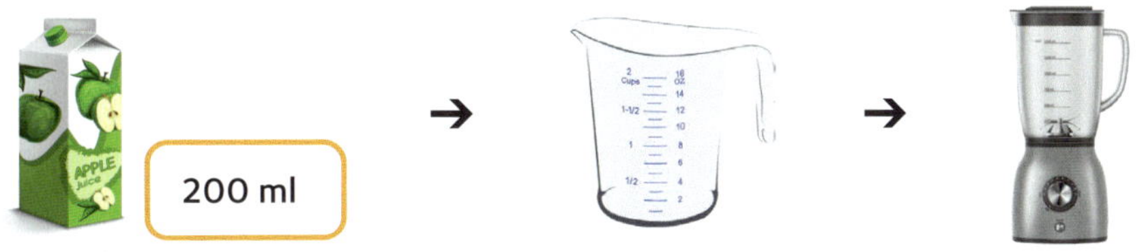

200 ml → →

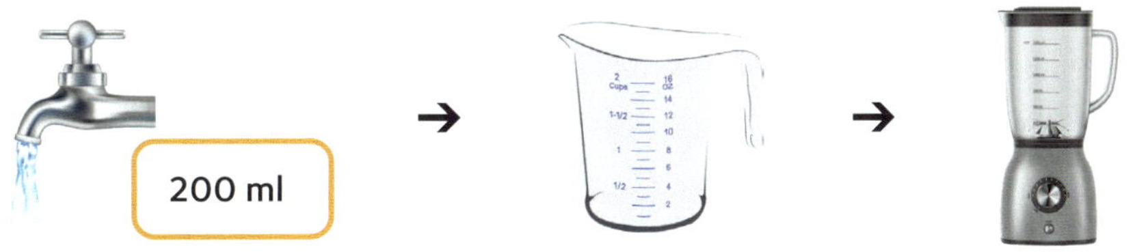

200 ml → →

2 Hände → waschen + 1 x → → an

→ **Fertig!**

Guten Appetit!

Blumen

Auf der Wiese

Bauchlage wird empfohlen, alternativ Rückenlage.

Du kannst die Augen schließen. Komm mit auf die Wiese!
Die Sonne scheint. Es ist warm.
(mit den Fingern eine Sonne auf die Handfläche/den Rücken malen)

Wir liegen auf einer Decke. Auf der Wiese ist viel los.
(mit der flachen Hand die Arme/den Rücken abreiben)

Viele kleine Käfer krabbeln umher.
(mit den Fingerspitzen über die Arme/den Rücken krabbeln)

Eine Schnecke kriecht langsam und versteckt sich unter einem großen Blatt.
(mit den Handballen über die Arme/den Rücken streifen)

Einige Würmer stecken ihren Kopf aus der Erde und graben sie um.
(mit den Fingern über die Arme/den Rücken in Schlangenlinien fahren)

Die Spinnen sind auch fleißig und bauen ihre Netze.
(mit den Fingern auf die Arme/den Rücken ein Netz malen)

Da, ein kleiner Grashüpfer! Er springt von Grashalm zu Grashalm.
(mit allen Fingern sanft auf den Armen/dem Rücken hüpfen)

Wir sind schon eine ganze Weile auf der Wiese.
Langsam wird es Abend und alles ruhiger.
Nur die Vögel hört man noch einige Zeit zwitschern.
(mit der flachen Hand langsam die Arme/den Rücken ausstreichen,
Vogelgezwitscher lauschen)

Der*die Lernende ruht bei Vogelklängen/-musik.

Die bunte Blumenwiese

Stell dir vor, du spazierst draußen an der frischen Luft.
Ein leichter, warmer Wind weht.
(mit der Hand und einer Pappe Wind erzeugen)

Du gehst einen kleinen Weg entlang,
vorbei an einer wunderschönen, grünen Wiese.
So schön ist sie und lädt dich ein, eine Decke auf ihr auszubreiten
und dich mitten auf die Wiese zu setzen.
(Eine Decke ausbreiten und den*die Lernende*n daraufsetzen lassen,
ggf. sitzt der*die Lernende bereits auf der Decke.
Der Lichttisch mit grüner Auflage/grünem Licht wird angeschaltet.)

Auf der Wiese sind viele Blumen.
Du siehst gelbe Blumen,
rote Blumen,
blaue Blumen,
orange Blumen
und weiße Blumen.
(die jeweiligen Blumen auf den Lichttisch legen und dabei die Triangel anschlagen)

So eine wunderschöne Blumenwiese!

8. „Bei den Vögeln“

Sinnespfad „Bei den Vögeln“

Sinnes-Fantasiegeschichte
„Komm mit zu den Vögeln!“

Sensorikhandschuh und Sensorikschirm

Lichttisch mit Mitmachgeschichte
„Der kleine Rabe“

Vogelfutter herstellen

Essen und Trinken
(Brot mit Kräuterbutter)

Gestaltarbeiten
(Handabdruckbild „Vogel“, Druckbild mit Federn)

Klanggeschichte
„Die Vögel“

Sinnespfad „Bei den Vögeln“

Mit dem Erwachen der Natur im Frühling hört man auch wieder Vögel lauthals zwitschern und singen. Konnte man einzelne Vögel im Winter am Vogelhaus betrachten, hört man sie nun wieder den Frühling verkünden. Diese Veränderung im Jahreskreislauf ist erlebbar und es bietet sich an, in die Natur zu gehen. Der folgende Sinnespfad holt diese Naturveränderung, die an Vögeln sehr gut zu beobachten ist, in den Klassenraum.

Mit diesem Sinnespfad lassen sich Anknüpfungspunkte zu wesentlichen Lernbereichen schaffen, u.a.

- **Natur und Umwelt (Erwachen der Natur, Tierkinder)**
- **Musik und Deutsch**
- **Selbstversorgung**
- **Wahrnehmung und Gestalten**

Sinnes-Fantasiegeschichte

Material

- ✔ Sprechtaste o. Ä., bespielt mit Vogelgesang *(Bezugsmöglichkeiten für Geräusche siehe S. 7)*
- ✔ Vogelfiguren oder -fotos, Federn
- ✔ nachfolgende Sinnesgeschichte „Komm mit zu den Vögeln!“ *(siehe rechte Spalte)*
- ✔ Wärmelampe, Wärmekissen oder eine helle Lampe
- ✔ optional den Sensorikhandschuh aus Federn und Sensorikschirm mit Vögeln *(siehe S. 77)*

Durchführung

Eine Einstimmung der Lernenden auf das Thema erfolgt als ritualisierter Beginn. Die Schüler*innen sitzen oder liegen in einer für sie angenehmen Position. Je nach Ausgangslage kann die Sinnes-Fantasiegeschichte mit dem Sensorikhandschuh oder -schirm (siehe rechte Spalte und nachfolgende Seite) kombiniert werden. Die heimischen Vögel befinden sich im Sichtfeld der Lernenden. Die Vogelstimmen werden abgespielt und die Lernenden konzentrieren sich auf diese. Die Geräusche werden leiser und die Fantasiereise beginnt. Mit vertrauter und ruhiger Stimme erzählen Sie die Geschichte langsam. An vorgegebener Stelle kommen die verschiedenen Gegenstände zum Einsatz. Wenn es möglich ist, kann ein Fenster geöffnet werden.

<u>Sinnes-Fantasiegeschichte:</u>

Komm mit zu den Vögeln!

Es ist Frühling geworden. //
Du bist draußen an der frischen Luft.
Die Sonne scheint und wärmt dein Gesicht.
(Lampe und Wärmekissen einsetzen)

Ein leichter Wind weht. //
Du hörst Vogelstimmen. Die Vögel zwitschern fröhlich und fliegen aufgeregt durch die Luft. //
Sie fliegen dicht bei dir vorbei.
(Sprechtaste mit Vogelgesang betätigen)

Ein Vogel setzt sich zu dir hin.
Seine Federn sind weich.
Er fühlt sich bei dir wohl und bleibt sitzen.
(Vogelfigur und Federn erkunden lassen, ggf. Sensorikhandschuh einsetzen)

Weiterführende Ideen

- Lernangebote zu Zugvögeln
- Lernangebote zur Amsel im Frühling

Sensorikhandschuh

Material

- ✔ Stoffhandschuh
- ✔ Heißkleber, Sekundenkleber
- ✔ Materialien gemäß nachfolgender Tabelle *(siehe S. 77)*

Durchführung

Der Sensorikhandschuh macht den Lerngegenstand erlebbar und schafft taktile Eindrücke (siehe auch Foto auf dem Cover). Er kann je nach Vorlieben der Lernenden gestaltet werden. Nachfolgend finden Sie hierfür Praxisbeispiele. Sie können den Sensorikhandschuh anziehen, um den*die Lernende*n damit zu berühren, oder der*die Lernende zieht diesen selbst an und erkundet ihn unter Ihrer Aufsicht.

Sensorikhandschuh	Materialien
Federkleid	Handschuh (dunkle Farbe), Federn (Naturfarben)
Vogelnest	Handschuh (dunkle Farbe), Stroh, kleine Zweige, Moos
„V“ wie Vogel	Handschuh, Knöpfe in kontrastreichen Farben

Weiterführende Ideen

- Bastelanleitung zum Handschuh schreiben, passende Adjektive finden
- Handschuhe eigenkreativ gestalten
- lebenspraktische Übung: Handschuhe an- und ausziehen

Sensorikschirm

Material

- ✔ großer Regenschirm
- ✔ Faden und Heißkleber
- ✔ Lichterkette
- ✔ Material gemäß nachfolgender Tabelle *(siehe unten)*

Durchführung

Die Materialien, die am „Himmel“ des Sensorikschirms zu sehen sind, sollen die Lernenden dazu animieren, unter Aufsicht aktiv zu werden, und ihre visuelle Wahrnehmung schulen. Der Regenschirm sollte möglichst groß sein und einen stabilen Stand haben. Die Farbwahl richtet sich nach dem Thema und dem*der Lernenden. Der Gestaltung sind fast keine Grenzen gesetzt. Achten Sie jedoch auf eine sichere Befestigung der verwendeten Materialien.

Sensorikschirm	Materialien
Vögel am Himmel	hellblauer Schirm, Vögel, Wolken
Regenbogen	bunter Schirm mit Streifen oder hellblauer Schirm mit bunten Kreppbandstreifen
Schneegestöber	blauer Schirm, Watte für Schneeflocken, Glitzerschnee-flocken
Herbsttag	brauner Schirm, bunte Herbst-blätter, Kastanien

Weiterführende Ideen

- Lernangebot zum Vogelflug
- zum Sensorikschirm passende Vogelgeschichte schreiben

Lichttisch mit Mitmachgeschichte

Material

- ✔ Mitmachgeschichte „Der kleine Rabe“ *(siehe S. 81)*
- ✔ Kopiervorlage „Rabe und drei bunte Vögel“ *(siehe S. 82)*
- ✔ Lichttisch/Leuchtkübel
- ✔ bunte Federn
- ✔ Sprechtaste o. Ä. bespielt mit Vogelgezwitscher und Rabenkrächzen *(Bezugsmöglichkeiten für Geräusche siehe S. 7)*

TIPP: Lichttisch

Lichttische können bei verschiedenen Anbietern erworben und ggf. über das Schulbudget bestellt werden.
Es besteht auch die Möglichkeit, einen Lichttisch aus einer Holzkiste, Lichterkette/Lampe und einer Aufbewahrungsbox selbst herzustellen. Dafür finden sich zahlreiche Anleitungen im Internet.

Durchführung

Passen Sie die Größe der Kopiervorlage der Größe des Lichttischs an. Schneiden Sie die Vogel-Vorlagen aus und laminieren Sie diese ggf. Lesen Sie die Geschichte „Der kleine Rabe“ in einem abgedunkelten Raum langsam vor und untermalen Sie diese mit den vorgegebenen Handlungen.

Weiterführende Ideen

- Lernangebot zum Raben als Vogelart
- Nachahmen von Vogelstimmen

Vogelfutter herstellen

Material

- ✔ Topf/Schüssel, Kochlöffel
- ✔ kleine Förmchen z. B. aus Silikon
- ✔ Teelöffel
- ✔ Kokosöl/Kokosfett
- ✔ Vogelfutter, verschiedene Körner
- ✔ Schnur, Löffel, Kühlschrank/Kälte

Durchführung

Die Lernenden sind entwicklungsorientiert in die Herstellung des Vogelfutters eingebunden. Das Kokosfett/Kokosöl wird zunächst auf der Heizung oder in einem Wasserbad erwärmt, bis eine weiche Konsistenz entsteht. Anschließend füllt man die Körner mit einem Löffel in die Förmchen und drückt das weiche Kokosfett hinein. Zum Schluss wird ein Stück Schnur als Schlaufe tief in die Kokos-Körner-Mischung gedrückt. Die Förmchen werden in den Kühlschrank (bei kalten Außentemperaturen auch nach draußen) gestellt. Nach etwa einer Stunde ist das Vogelfutter gehärtet und kann an einen Baumzweig gehangen werden.

Weiterführende Ideen

- Vorgangsbeschreibung mit Bildfolge
- Lernangebot zur Nahrung von Vögeln
- Lernangebot zur Frage „Wo kommt das Kokosöl her?“

Essen und Trinken

Material

- ✔ Rezept für „Kräuterbutter“ und dort aufgeführte Zutaten und Utensilien *(siehe S. 83)*
- ✔ Brettchen, Messer, individuelle Hilfsmittel

Durchführung

Kaufen Sie, wenn möglich, zusammen mit dem*der Lernenden ein Brot in der Bäckerei. Stellen Sie die Kräuterbutter nach Rezept her, indem Sie den*die Lernende*n entsprechend den Lernvoraussetzungen einbeziehen. Bei der Kräuterzugabe ist auf mögliche Allergien zu achten. Streichen Sie nach Fertigstellung die Kräuterbutter auf das Brot und reichen Sie es dem*der Lernenden an. Schneiden Sie zuvor, wenn nötig, bitte die Brotrinde ab.

Weiterführende Ideen

- Lernangebot zur Butterherstellung
- Lernangebot zur Brotherstellung
- Anlegen eines Kräutergartens

Gestaltarbeiten

Material

- ✔ deckende Malfarben und -utensilien
- ✔ feuchter Waschlappen, Handtuch zum Abtrocknen

Zusätzlich für das Handabdruckbild „Vogel“

- ✔ Tonkarton (ca. 200 g/m²) (weiß oder hellblau)
- ✔ kleiner Zweig
- ✔ großer, weicher Pinsel
- ✔ kleiner Pinsel (z. B. mit Kugelgriff)
- ✔ Heißkleber
- ✔ Wackelaugen (alternativ: schwarzer Stift)

Zusätzlich für das Druckbild mit Federn

- verschiedene Federn (groß/klein, breit/schmal ...)
- Tonkarton (ca. 200 g/m²) in DIN-A3-Format (weiß)

Durchführung

Der*die Lernende wird mit der Aufgabe vertraut gemacht und kann die Materialien erkunden.

1. Handabdruckbild „Vogel“:

Je nach Lernvoraussetzung wählen der*die Lernende oder Sie die Farben aus. Die Handinnenfläche des*der Lernenden wird mit Farbe bestrichen oder die Hand in die Farbe gedrückt. Anschließend erfolgt ein Handabdruck auf dem Papier. Dieser stellt den Körper des Vogels dar. Nachdem der Handabdruck getrocknet ist, werden unter entwicklungsorientiertem Einbezug des*der Lernenden Füße und Schnabel an den Vogelkörper gezeichnet. Als Auge kann ein Wackelauge aufgeklebt werden oder es wird mit schwarzem Stift aufgemalt. Zum Schluss wird mit Heißkleber der kleine Zweig unter den Füßen des Vogels aufgeklebt.

2. Druckbild mit Federn:

Je nach Lernvoraussetzung wählen der*die Lernende oder Sie die Farben aus. Diese werden mit einem Pinsel auf die Federn aufgetragen. Die bemalten Federn werden vorsichtig auf das Papier gedrückt und abgezogen. Dieses Vorgehen wiederholt man beliebig oft.

Weiterführende Ideen

- Gestaltangebot für eine Karte mit Federdruck
- Lernangebote zur Flugfähigkeit von Vögeln

Klanggeschichte

Material

- ✔ Klanggeschichte „Die Vögel“ *(siehe S. 84)*
- ✔ Klangschale (alternativ: Sprechtaste mit Vogelstimmen)
- ✔ Tamburin (alternativ: Pappbecher)
- ✔ Triangel
- ✔ Holzblocktrommel (alternativ: Klopfen auf einen Tisch)
- ✔ Schüssel mit Wasser

Durchführung

Lesen Sie die Geschichte zunächst ohne Klänge vor. Im zweiten Durchgang spielen Sie die Instrumente an. Die Lernenden liegen oder sitzen in einer angenehmen Position und lauschen. Nun kann die Klanggeschichte, den Lernvoraussetzungen entsprechend, aktiv von den Lernenden mitgestaltet werden. Die Klangschale ermöglicht ein ganzkörperliches Erleben.

Weiterführende Ideen

- Lernangebot zu Vogelklängen mit Zuordnungsübung
- Vogelgeräusche imitieren

Beobachtungsbogen zum Sinnespfad „Bei den Vögeln“

Name: .... Schuljahr, Klasse: ....

Der*die Lernende ...	1. Beobachtung	2. Beobachtung
➜ zeigt besondere (kommunikative) Aktivität bei:		
Sinnes-Fantasiegeschichte „Komm mit zu den Vögeln!“		
➜ lauscht intensiv		
➜ zeigt Interesse an den Vögeln		
Weiteres:		
Sensorikhandschuh und Sensorikschirm		
➜ zeigt Gefallen an den Materialerfahrungen, zeigt besonderes Interesse an ...		
➜ zeigt erhöhte Eigenaktivität – wann?		
➜ akzeptiert Handschuh an eigener Hand		
Weiteres:		
Lichttisch mit Mitmachgeschichte		
➜ zeigt (erhöhte) Eigenaktivität – wann?		
➜ fokussiert Vogel auf Lichttisch		
➜ lauscht intensiv der Geschichte		
Weiteres:		
Vogelfutter herstellen		
➜ zeigt erhöhte Eigenaktivität – wann?		
➜ akzeptiert die weiche Konsistenz		
➜ fasst selbstständig Material an und erkundet		
Weiteres:		
Essen und Trinken – Kräuterbutter und Brot		
➜ akzeptiert die Konsistenzen		
➜ zeigt Gefallen am würzigen Geschmack		
Weiteres:		
Gestaltarbeiten – Handabdruckbild und Druckbild mit Federn		
➜ akzeptiert das Einstreichen und die Farbe auf der Haut		
➜ druckt		
Weiteres:		
Klanggeschichte „Die Vögel“		
➜ lauscht intensiv der Geschichte		
➜ zeigt Interesse und/oder spielt Instrumente		
➜ zeigt Freude/Missfallen bei		
Weiteres:		

Kurzverschriftung der Beobachtungen: häufig ++ / gelegentlich + / selten o / nicht beobachtbar n. b.

Der kleine Rabe

Es war einmal ein kleiner Rabe.
Er war traurig, weil er nicht so eine schöne Stimme wie die anderen Vögel hatte.
Die anderen Vögel sangen jeden Tag ihre Lieder.
(Sprechtaste mit Vogelgezwitscher betätigen)

Wenn der kleine Rabe aber den Schnabel aufmachte, kam nur ein Krächzen heraus.
(Sprechtaste mit Rabenkrächzen betätigen)

Da war noch etwas, was den kleinen Raben störte: Seine Federn waren schwarz wie die Nacht.
(schwarzen Vogel auf den Lichttisch legen)

All das machte den kleinen Raben traurig und so krächzte er vor sich hin und blieb lieber allein.
(Sprechtaste mit Rabenkrächzen betätigen)

Eines Tages traf der kleine Rabe drei bunte Vögel, die gerade ein Lied übten.
(drei bunte Vögel auf den Lichttisch legen, Sprechtaste mit Vogelgezwitscher betätigen)

Die drei bunten Vögel waren nicht zufrieden mit ihrem Gesang. Es fehlte einfach der Bass in ihren hellen Stimmen.
Da riefen sie zum kleinen Raben:
„Ey, du Rabe! Komm sing mit uns!“
So kam es, dass der kleine Rabe mit den drei bunten Vögeln zusammen sang.
Sie ergaben einen schönen Chor!
(beide Sprechtasten mit Vogelgezwitscher und Rabenkrächzen zusammen betätigen)

Aber der kleine Rabe meinte später:
„Ich sehe so anders aus als ihr.
Ihr seid bunt und ich habe keine Farbe.
Ich passe doch gar nicht zu euch.“
Da steckten die bunten Vögel ihre Köpfe zusammen und zwitscherten aufgeregt.
(Sprechtaste mit Vogelgezwitscher betätigen)

Plötzlich zog jeder der drei bunten Vögel ein paar Federn von sich heraus und die klebten sie dem kleinen Raben an sein Federkleid.
Da stand der Rabe nun da, mit seinen neuen bunten Federn.
Sie leuchteten gelb, rot, grün und blau.
(nach und nach die Federn auf den schwarzen Vogel fallen lassen)

Der kleine Rabe freute sich sehr. Zusammen zwitscherten und krächzten alle noch oft vor Publikum und mit der Zeit brauchte der kleine Rabe gar keine bunten Federn mehr, sondern blieb so, wie er war. Denn so war er perfekt.
Das wusste er nun.
(bunte Federn wieder vom schwarzen Vogel nehmen, beide Sprechtasten zum Abschluss drücken)

Rabe und drei bunte Vögel

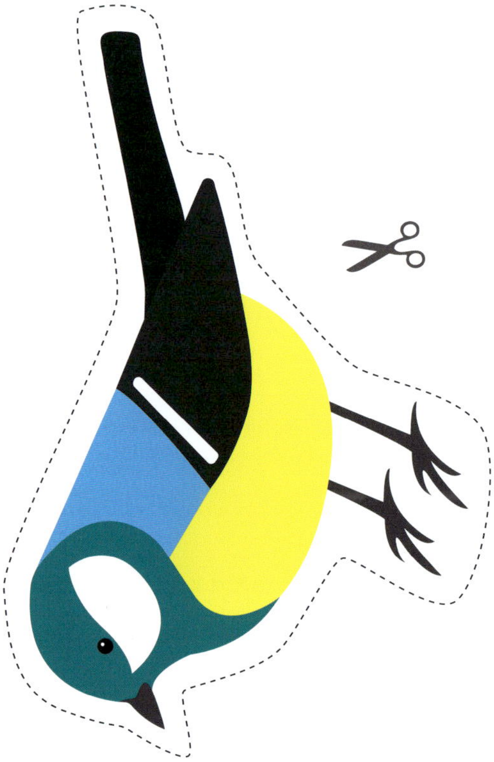

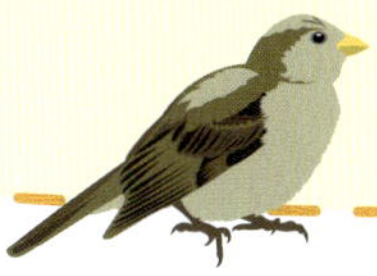

Kräuterbutter

Zutaten

Anleitung

weich
500 g + 1 Prise →

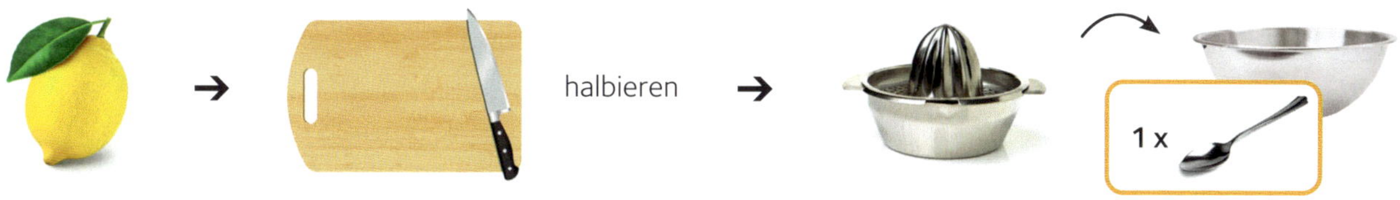

→ halbieren → 1 x

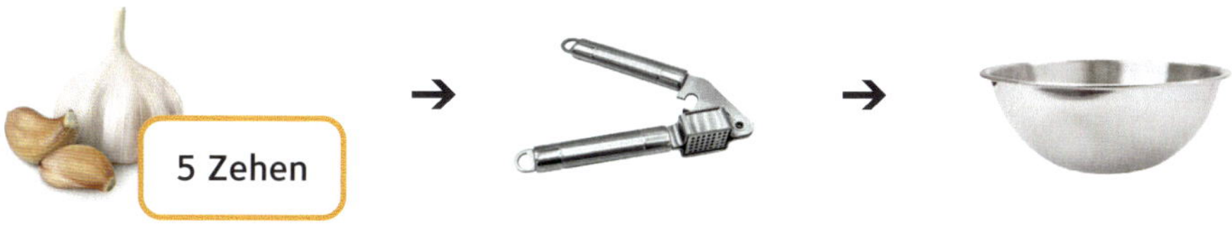

5 Zehen → →

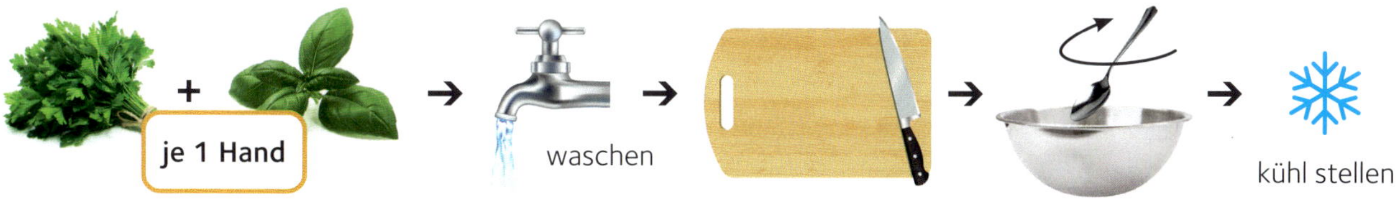

+ je 1 Hand → waschen → → → kühl stellen

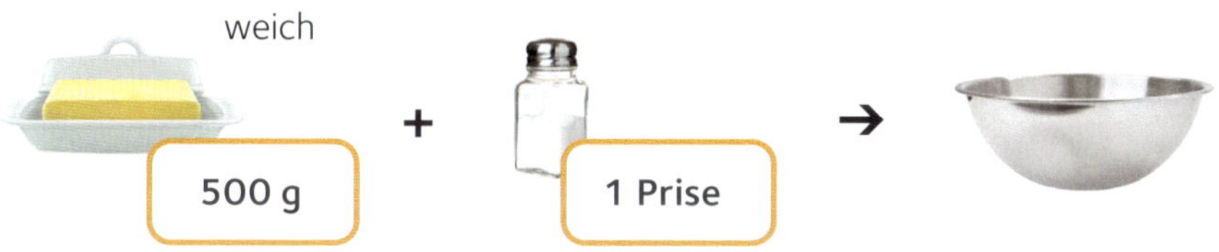

Guten Appetit!

TIPP: Am besten mit frischem Brot genießen!
Den restlichen Zitronensaft mit Wasser als Limonade trinken!

Die Vögel

Es ist Frühling. Die Natur erwacht.
Auch die Zugvögel kehren zurück.
Alles wird aktiver, farbenfroher und wärmer.

1 x

Jeden Tag geht die Sonne etwas früher auf und die Tage werden länger. Oft hört man die Amsel schon vor Sonnenaufgang singen.
Ihr Lied klingt frech und fröhlich.

3 x

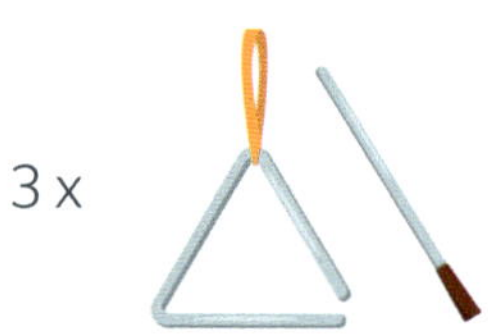

Im Wald zieht ebenfalls der Frühling ein.
Der Specht klopft schon: Hörst du ihn?

3 x

Die Meise und das Rotkehlchen nehmen ein Bad in einer kleinen Pfütze und putzen ihr Gefieder.
Das schaut lustig aus!

(mit Wasser in einer Schüssel platschen)

Viele kleine Spatzen flattern aufgeregt in den Sträuchern umher und suchen nach Futter.
Bald beginnen sie, zu brüten!

(mit den Fingern hopsen)

Das bunte Treiben der Vögel geht so den ganzen Tag bis zum Sonnenuntergang.
Dann wird es Nacht und es kehrt Ruhe ein.
Mit etwas Glück kannst du noch die Nachtigall hören.

1 x

Sinnespfad „Auf dem Bauernhof“

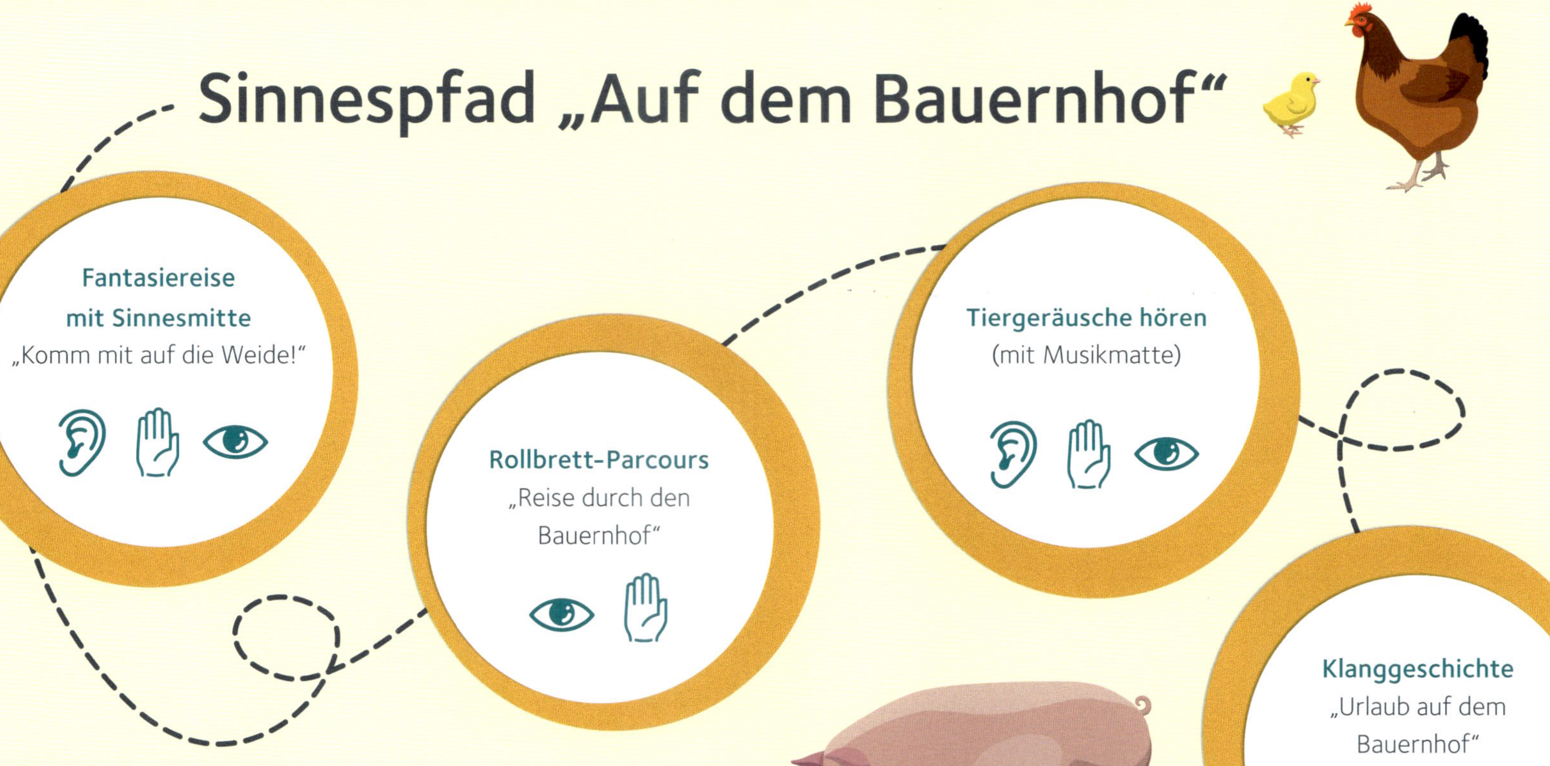

Sinnespfad „Auf dem Bauernhof"

Auf einem Bauernhof gibt es viel zu erleben und zu entdecken. Nicht alle Lernenden können sich jedoch unter diesem Ort etwas vorstellen oder haben einen Bauernhof schon einmal besucht. Mit dem folgenden Sinnespfad wird ein Bauernhof erlebbar gemacht. Wenn Sie die Möglichkeit haben, mit den Schüler*innen einen Bauernhof zu besuchen, sollten Sie dies unbedingt tun. Der folgende Sinnespfad nimmt insbesondere die dort lebenden Tiere in den Fokus.

Es lassen sich Anknüpfungspunkte zu wesentlichen Lernbereichen schaffen, u. a.

- Natur und Umwelt (bewusste Landwirtschaft, Nutztiere)
- Deutsch
- Selbstversorgung
- Wahrnehmung und Gestalten

Fantasiereise mit Sinnesmitte

Material

- ✔ Wärmelampe, wenn vorhanden
- ✔ Kuhglocke (alternativ: Sprechtaste, bespielt mit Glockengeräusch)
- ✔ Fantasiereise „Komm mit auf die Weide!" *(siehe rechte Spalte)*
- ✔ Sprechtaste, bespielt mit Kuhlauten *(Bezugsmöglichkeiten für Geräusche siehe S. 7)*
- ✔ Gras (z. B. Katzengras in einer Schale) und Heu
- ✔ Spielfigur (Kuh)

Fantasiereise:

Komm mit auf die Weide!

Schließe die Augen. Stelle dir vor, wir sitzen auf einer schönen **Wiese** neben einer Kuhweide.

Unter deinen Händen kannst du das **Gras** spüren. //

Die **Sonne** wärmt dein Gesicht. //

Um dich herum stehen viele Kühe. Du kannst ihre **Glocken** hören. //

Ein leichter Wind weht und ein paar Kühe muhen.

Muuuuuuuh! //

Ganz in deiner Nähe wendet der Bauer das **Heu**.

Den Duft des Heus riechst du bis zu dir. //

Es ist schön hier und du könntest noch lange sitzen bleiben.

Durchführung

Die Einstimmung der Lernenden auf das Thema erfolgt in Form eines ritualisierten Beginns. Sie hören die Laute der Kühe und deren Glocken, spüren das weiche Gras der Weide und die wärmende Sonne.
Die Lernenden befinden sich in gemütlicher Sitz- oder Liegeposition und hören vertraute Stimmen beim langsamen Vorlesen der Fantasiereise. Die Materialien werden den Lernenden nach Ansprache an geeigneter Stelle (fettgedruckte Wörter im Text) beim zweiten Vorlesedurchgang unter Beachtung eventueller Allergien zum Fühlen und Erleben angeboten.

Weiterführende Ideen

- Lernaufgabe zur Kuh/zum Rind
- Lernangebote zur artgerechten Haltung
- Nachahmen von Tierlauten

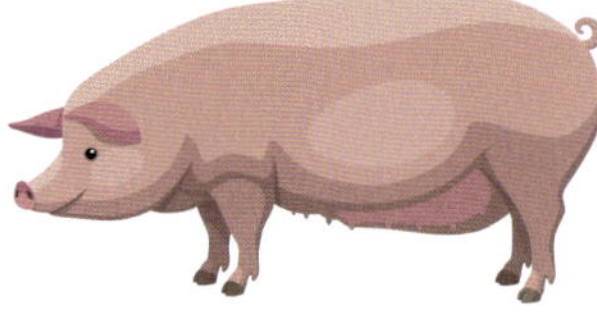

Rollbrett-Parcours

Material

- ✔ kleiner Wäschekorb o. ä. Sammelbehälter
- ✔ Rollbrett (mit Aufsatz), Rollstuhl, Handwagen (je nach Lernvoraussetzung)
- ✔ Bauernhoftiere als Figuren oder Kuscheltiere

Durchführung

Die Lernenden bewegen sich im Turnraum oder einem anderen geeigneten Raum je nach Lernvoraussetzung auf dem Rollbrett (sitzend oder liegend) oder nutzen ein anderes Fortbewegungsmittel. Die Bauernhoftiere sind quer im Raum verteilt und müssen von den Schüler*innen fahrend in dem (Wäsche-)Korb eingesammelt werden. Um den Schwierigkeitsgrad zu erhöhen, können Sie zwischen den Tieren Hindernisse verteilen, die die Schüler*innen umfahren müssen. Ebenso kann sich der Korb irgendwo im Raum befinden, sodass die gesammelten Tiere dorthin gebracht werden müssen. Auch eine Partneraufgabe bietet sich an: Die Paare erhalten eine kleine Wegbeschreibung, anhand derer die Tiere eingesammelt werden müssen.

Weiterführende Ideen

- Zuordnungsübungen: Realgegenstand → Foto → Abbildung
- Tier-Sortierübungen (groß und klein, Anzahl der Beine etc.)
- Anfertigen von Tiersteckbriefen

Tiergeräusche hören

Material

- ✔ Kopiervorlage „Bauernhoftiere“ *(siehe S. 93)*
- ✔ Bauernhoftierfiguren (besonders naturgetreu sind z. B. die Tiere der Firma Schleich)
- ✔ mehrere Sprechtasten, bespielt mit Tiergeräuschen (passend zu den ausgewählten Tierfiguren), alternativ oder ergänzend: (abwaschbare) Musikmatte mit Tiergeräuschen

Durchführung

Die Sprechtasten oder die Musikmatte liegen vor dem*der Lernenden. Diese*r sitzt oder liegt in Bauchlage (Keillagerung möglich). Die Tasten werden gedrückt und der*die Lernende lauscht dem jeweiligen Tiergeräusch. Das Tiergeräusch kann an dieser Stelle gerne nachgeahmt werden. Anschließend ordnet der*die Lernende den realen Gegenstand (Tierfigur/-abbildung) der Sprechtaste zu.
Ergänzend lohnt sich die Anschaffung einer Musikmatte (abwaschbares Material). Diese kann in Bauchlage, stehend, sitzend oder in Rückenlage mit den Händen und Füßen bespielt werden.

Weiterführende Ideen

- Bauernhoftiere als Begriffe
- Erstellen eines Tierlaute-Memos
- Lernangebot zu Tierbeschreibungen

Klanggeschichte

Material

- ✔ Klanggeschichte „Urlaub auf dem Bauernhof“ *(siehe S. 90)*
- ✔ Sprechtasten, bespielt mit den Tierlauten von Hund, Schwein, Hahn, Schaf (alternativ können Sie die Tierlaute selbst nachahmen)
- ✔ flache Schale mit Sand
- ✔ Brot mit Butter *(vgl. Rezept „Kräuterbutter“, siehe S. 83)*

Durchführung

Die Lernenden sitzen oder liegen in angenehmer Position. Die Materialien liegen griffbereit. In ruhiger Atmosphäre wird die Klanggeschichte erzählt. Die Tiergeräusche laden zum Nachahmen ein. Ebenso motivieren die Sprechtasten zur Eigenaktivität. Die Klanggeschichte bietet eine gute Überleitung zu einer kleinen Mahlzeit.

Weiterführende Ideen

- Lernangebote zur Herstellung von Milch und Milchalternativen
- Lernangebote zur Butterherstellung
- Besuch einer Molkerei

Essen und Trinken

Material

Rezept für „Rührei“ und dort aufgeführte Zutaten und Utensilien *(siehe S. 92)*

Durchführung

Das Rührei wird anhand des Rezeptes unter entwicklungsorientiertem Einbezug der Lernenden zubereitet und auf einem Teller angereicht.

Weiterführende Ideen

- Lernangebot zum Huhn
- Sicherheitsmaßnahmen beim Kochen

Gestaltarbeiten

Material

deckende Malfarben und -utensilien

Zusätzlich für das Stempeldruckbild

- ✔ Kopiervorlage „Tierspuren“ *(siehe S. 91)*
- ✔ Stempel mit Tierspuren *(Herstellung siehe unten)*
- ✔ Tonkarton (ca. 200 g/m²) in DIN-A3-Format (weiß)

Zusätzlich für das Handabdruckbild

Tonkarton (ca. 200 g/m²) in DIN-A3-Format (weiß)

Durchführung

Einleitend werden die Bauernhoftiere mit ihren Figuren betrachtet und besprochen.

1. Stempeldruckbild „Tierspuren“

Die Lernenden betrachten und befühlen die Tierspuren-Stempel. Sodann werden die Stempel mit Farbe bestrichen und anschließend auf das DIN-A3-Blatt gedruckt.

TIPP: DIY-Tierspur-Stempel

Material

- ✔ dünne Tuchschwämme (oder Moosgummi)
- ✔ starke Pappe, schwarzer Stift
- ✔ Schere, Bastelkleber/Heißkleber
- ✔ Kopiervorlage „Tierspuren“ *(siehe S. 91)*, vergrößert auf Tonzeichenkarton kopiert

Die Herstellung eigener Tierspur-Stempel ist etwas kniffelig, aber lohnend. Für einen Stempel wird eine Tierspur ausgeschnitten und als Schablone auf den Schwamm gelegt. Die Schablone wird mit einem schwarzen Stift umfahren, ausgeschnitten und auf Pappe geklebt.

2. Handabdruckbild „Huhn“

Die Handinnenfläche des*der Lernenden einschließlich der Finger wird mit Farbe eingepinselt. Der Handabdruck wird mit gespreizten Fingern durchgeführt. Mit roter Farbe werden dem Huhn noch Beine, Kamm und Schnabel gezeichnet.

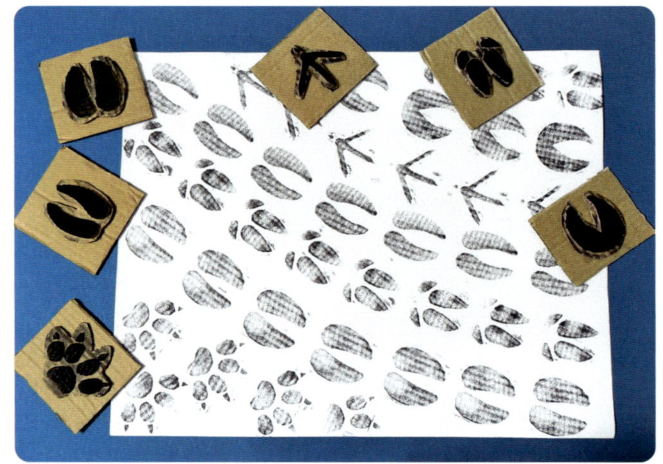

Weiterführende Ideen

- Lernangebot zum Beruf des Bauern
- Gestaltangebot „Eigener Fußabdruck“
- Körner picken als feinmotorische Übung

Sensorikwanne

Material

- ✔ Wanne *(Hinweise zu Sensorikwannen siehe S. 13)*
- ✔ Heu, Tierfiguren, Spielzeugtraktoren o. Ä. als Füllmaterial

Durchführung

Nach einem ritualisierten Einstieg wird der*die Lernende langsam an das Material in der Sensorikwanne herangeführt. Dies ist im Sitzen, auf dem Boden oder auch in Bauchlage auf einem Keil möglich. Der*die Lernende entdeckt den Inhalt der Wanne und hantiert damit unter Aufsicht. Dabei sollten Sie das Entdeckte sprachlich begleiten.

Beobachtungsbogen zum Sinnespfad „Auf dem Bauernhof"

Name: .... Schuljahr, Klasse: ....

Der*die Lernende ...	1. Beobachtung	2. Beobachtung
➜ zeigt besondere (kommunikative) Aktivität bei:		
Fantasiereise mit Sinnesmitte „Komm mit auf die Weide!"		
➜ lauscht intensiv		
➜ zeigt besonderes Interesse an ...		
Weiteres:		
Rollbrett-Parcours		
➜ zeigt Gefallen an der Bewegung		
➜ zeigt erhöhte Aktivität – wann?		
➜ zeigt Suchverhalten		
Weiteres:		
Tiergeräusche hören		
➜ zeigt (erhöhte) Eigenaktivität – wann?		
➜ zeigt Gefallen an den Tierlauten		
➜ ahmt Tierlaute nach – welche?		
Weiteres:		
Klanggeschichte „Urlaub auf dem Bauernhof"		
➜ lauscht intensiv		
➜ zeigt Eigenaktivität bei ...		
➜ zeigt Gefallen – wann?		
Weiteres:		
Essen und Trinken – Rührei		
➜ toleriert Konsistenz		
➜ zeigt Gefallen am Rühreigeschmack		
Weiteres:		
Gestaltarbeiten – Handabdruckbild (Huhn) und Stempeldruckbild		
➜ akzeptiert das Einstreichen und die Farbe auf der Haut		
➜ druckt eigenmotiviert		
➜ betrachtet die Gestaltarbeit		
Weiteres:		
Sensorikwanne		
➜ erhöhte Eigenaktivierung		
➜ zeigt Interesse und Suchverhalten		
➜ zeigt basale Taststrategien, greift - bei?		
Weiteres:		

Kurzverschriftung der Beobachtungen: häufig ++ / gelegentlich + / selten o / nicht beobachtbar n. b.

Urlaub auf dem Bauernhof

Mia macht mit ihren Eltern Urlaub auf dem Bauernhof.
Sie ist sehr aufgeregt und freut sich auf die vielen Tiere.
Als sie nach einer langen Autofahrt endlich ankommen,
begrüßt sie als Erstes mit viel Gebelle der Hofhund Rex.
(Sprechtaste, bespielt mit dem Bellen eines Hundes)

Rex ist ein lieber Hund und er freut sich über den neuen Besuch.
Mia geht weiter und entdeckt viele Hühner, die gut gelaunt im Sand scharren.
(mit der Hand im Sand scharren)

Natürlich gehört auch ein stolzer Hahn zu den vielen Hühnern.
(Sprechtaste, bespielt mit dem Krähen eines Hahnes)

Mia möchte noch mehr vom Bauernhof sehen und
geht zum Schweinestall. Puh ... da stinkt es ganz schön!
Vergnügt grunzen die Schweine und suchen am Boden nach Futter.
(Sprechtaste, bespielt mit dem Grunzen von Schweinen)

Hier müffelt es Mia zu sehr und sie geht weiter. Auf einmal hört sie lautes
Hufgetrampel, welches immer näher kommt.
(Kastagnetten klappern, ggf. Sprechtaste mit Pferdewiehern)

Die Pferde kommen gerade von der Koppel wieder in den Stall.
Mia nimmt sich vor, unbedingt in den Ferien Reiten zu lernen.
Ihr Weg führt sie weiter hinter den Hof auf die Wiesen.
Dort trifft sie noch mehr Tiere. Da sind Schafe, die friedlich grasen.
(Sprechtaste, bespielt mit Schaflauten)

Auch Kühe schmatzen.
(Schmatzgeräusche machen)

Bei den kauenden Kühen bekommt Mia plötzlich Hunger.
Schnell läuft sie zurück zum Haus und freut sich auf leckeres Rührei
zum Mittagessen.

➔ Rührei-Rezept S. 92

Tierspuren

Hund

Schwein

Pferd

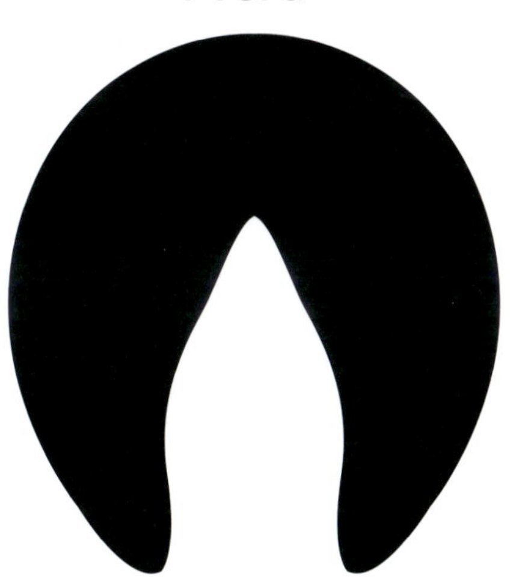

Kuh

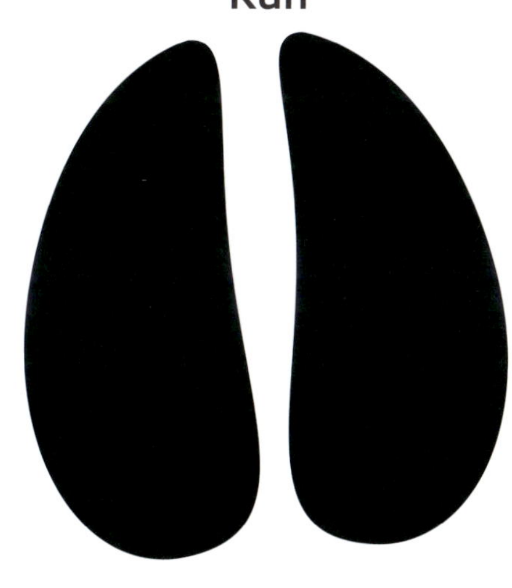

Schaf

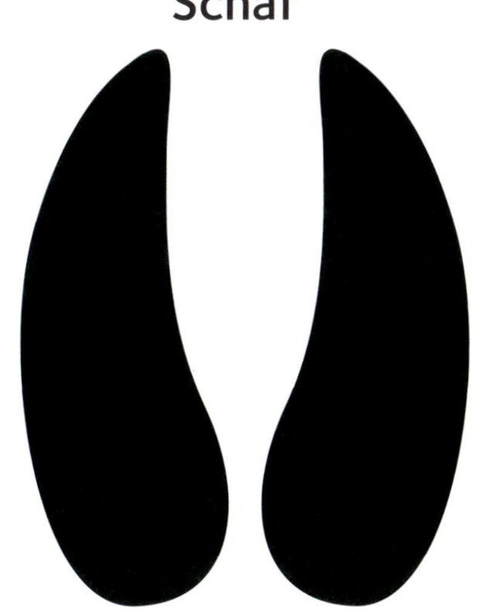

Huhn

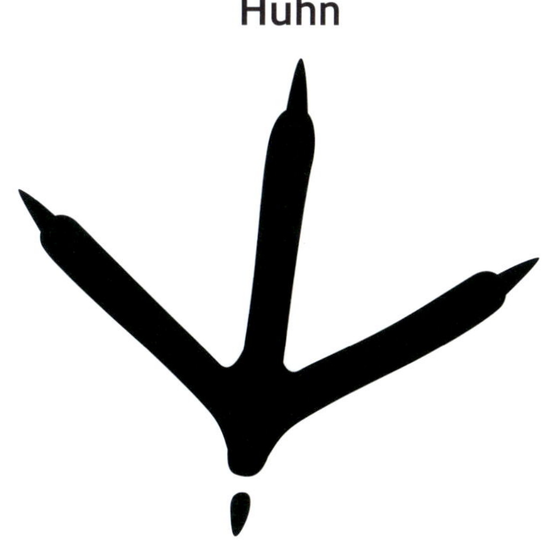

Rührei (für 4 Personen)

Anleitung

8 Stück → alle Eier in die Schüssel schlagen

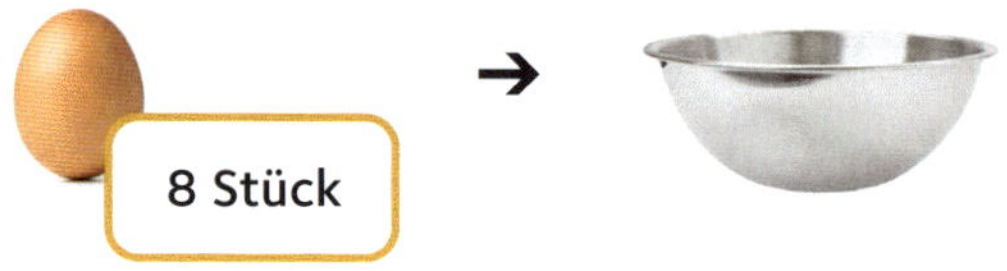

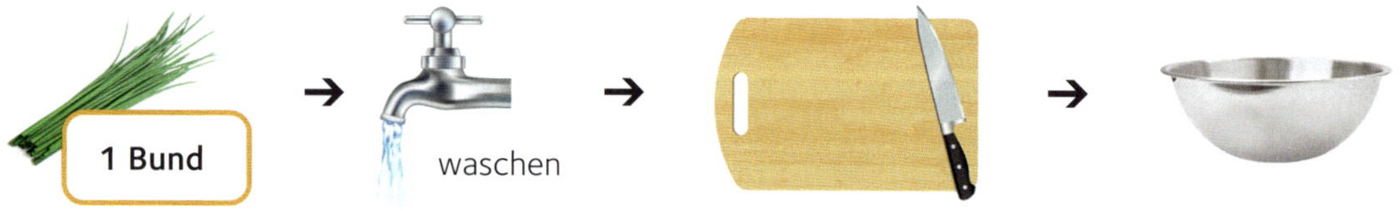

1 Bund → waschen → →

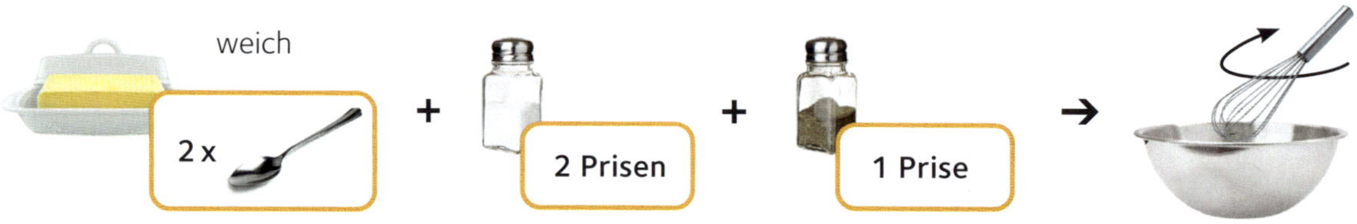

weich 2 x + 2 Prisen + 1 Prise →

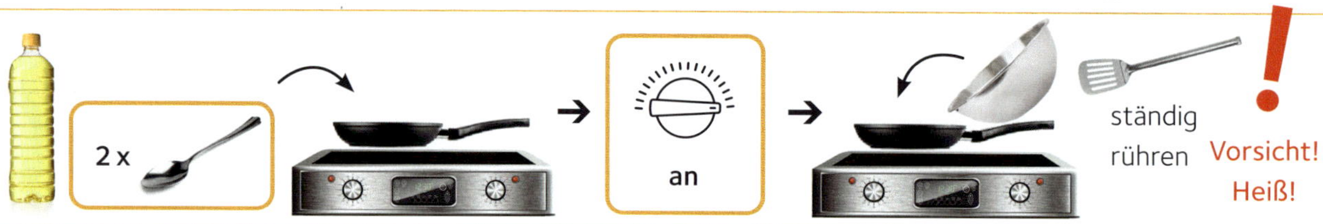

2 x → an → ständig rühren Vorsicht! Heiß!

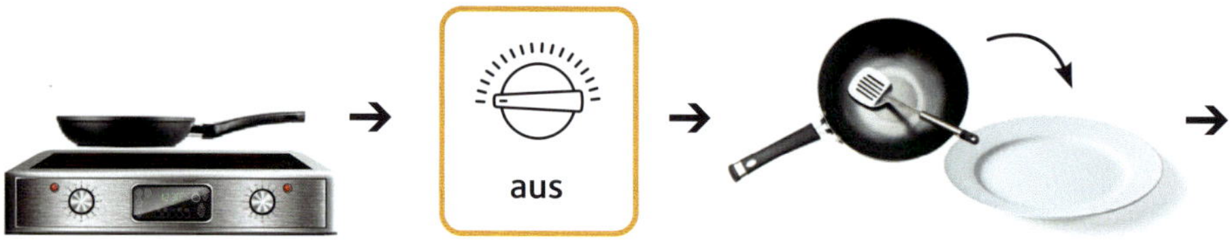

→ aus → →

Guten Appetit!

Bauernhoftiere

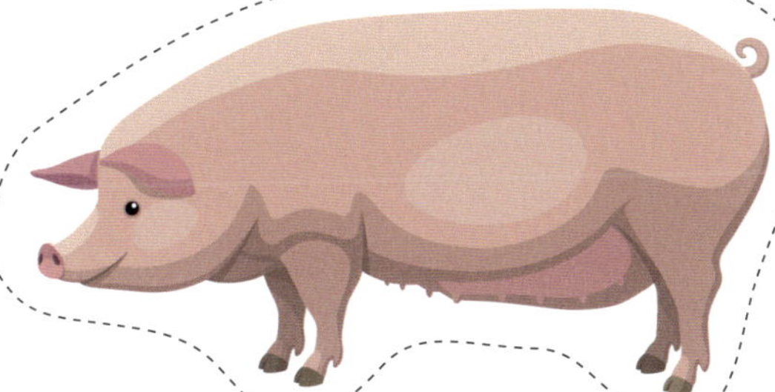

Sinnespfad „Erlebnisse im Zoo“

Fantasiereise mit Fühlring
„Komm mit in den Zoo!“

Materialerfahrung Knete und Oobleck
(freies Spiel und Knetübungen)

Mitmachlied
„Komm doch mit ins Papageienland“

Nass- und Trockendusche
„Badetag bei den Elefanten“

Essen und Trinken
(Apfelkompott → Nutzung von Fruchtsaugern)

Gestaltarbeiten
(Druckbild mit Apfelhälften, Handabdruckbild „Elefant“)

Massagegeschichte
„Badetag“

Sinnespfad „Erlebnisse im Zoo“

Für die meisten Kinder ist ein Tag im Zoo etwas Besonderes. Aber auch außerhalb des Zoos sind Tiere, die ihren Lebensraum in fernen Ländern haben, allgegenwärtig. So ist der Elefant z. B. die zentrale Figur in einer bekannten Kindersendung, der Pinguin begegnet den Schüler*innen als Werbefigur und der Papagei taucht in fast allen Piratenfilmen auf.

Mit dem folgenden Sinnespfad lassen sich Anknüpfungspunkte zu anderen Themenschwerpunkten schaffen, u.a. die Besprechung der verschiedenen Lebensräume auf dem Planeten Erde. Folgende Lernbereiche lassen sich herausstellen:

- **Natur und Umwelt (Artenschutz, Respekt vor Lebewesen, Kontinente ...)**
- **Musik, Deutsch und Selbstversorgung**
- **Wahrnehmung und Gestalten**

Fantasiereise mit Fühlring

Material

- ✔ Fantasiereise „Komm mit in den Zoo!“ *(siehe rechte Spalte)*
- ✔ Kuscheltiere, Spielfiguren (Elefant, Papagei, Pinguin)
- ✔ Fühlring, selbst gemacht aus verschiedenen Bändern und Stoffen
- ✔ CD mit Tierliedern oder -geschichten, CD-Player oder alternatives Abspielgerät, ggf. Toniebox-tonies

Durchführung

Führen Sie in das Thema lerngruppenangepasst ein. Beispielsweise können Sie das Klassenzimmer passend zum Thema „Zoo“ gestalten. Die Lernenden befinden sich in gemütlicher Sitz- oder Liegeposition und hören vertraute Stimmen beim langsamen Vorlesen der Fantasiereise. Anschließend werden Tierlieder oder -geschichten abgespielt. Währenddessen erhalten die Lernenden Zeit, sich mit den verschiedenen Fühlangeboten auseinanderzusetzen. Als passendes Angebot ist in der rechten Spalte oben ein selbst gefertigter Fühlring gezeigt.

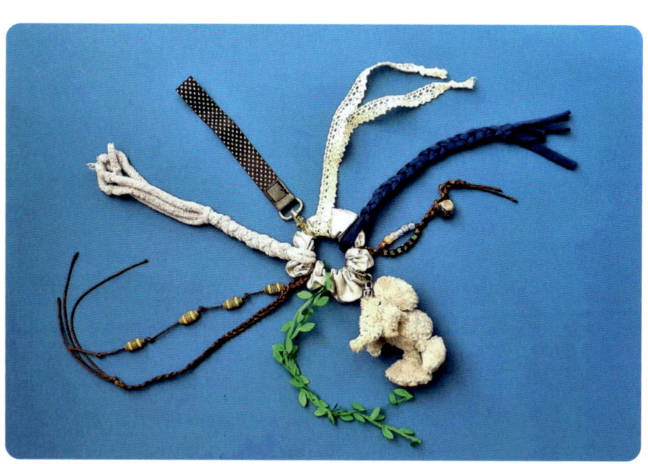

<u>Fantasiereise:</u>

Komm mit in den Zoo!

Heute ist ein besonderer Tag: Es geht in den Zoo. Am Eingang nehmen wir uns den Plan zu den Tierschauen und Fütterungen mit. //

Als Erstes wollen wir bei der Pinguinfütterung zuschauen. Pinguine sind so lustig, perfekte Schwimmer und sie lieben Fisch! //

Weiter geht es vorbei an den Robben zur großen Vogelvoliere. Hier können wir hineingehen und sind umgeben von Sittichen und Papageien. Ihre Federpracht ist wunderschön! //

Es ist Badetag bei den Elefanten. Wir haben etwas Zeit und schauen noch bei den Löwen und Affen vorbei. Dann ist es so weit: Wir schauen beim Elefantenbaden zu. Es ist großartig, zu sehen, wie sie schwimmen und sich mit Wasser bespritzen. Die Tierpfleger schmeißen noch Äpfel ins Wasser, die sich die Dickhäuter mit ihrem Rüssel holen. Lasst es euch schmecken!

Weiterführende Ideen

- Arbeit mit der Weltkarte: Welches Tier lebt wo?
- Lernangebot zum Steckbrief „Mein Lieblingstier“
- Lernangebote zu Tabellenlesen und Uhrzeit: „Tierschauen und ihr Beginn“

Materialerfahrung Knete und Oobleck

Material

- ✔ Zutaten für Knete und Oobleck (Spielschleim), *(Rezepte siehe unten und rechte Spalte)*
- ✔ ggf. Ausstechformen und Tierfiguren

Für eine Sensorikwanne mit Oobleck zusätzlich

- ✔ Eiswürfel
- ✔ Pinguin-Tierfiguren
- ✔ Muggelsteine (blau und weiß)

Durchführung

Stellen Sie Knete und Oobleck unter entwicklungsorientiertem Einbezug der Lernenden her oder verwenden Sie die gekauften Varianten. Knete und Oobleck können von den Lernenden auf vielfältige Weise, sowohl stehend als auch sitzend, unter steter Aufsicht erkundet sowie frei bespielt werden und führen zu verschiedensten Sinneseindrücken.

TIPP: DIY-Knete

Zutaten

- ✔ 500 ml heißes (!) Wasser
- ✔ 500 g Mehl
- ✔ 150 g Salz
- ✔ 2 EL Zitronensäure
- ✔ 5 EL Speiseöl
- ✔ flüssige Lebensmittelfarbe (gelb und blau, ggf. weitere Farben)
- ✔ Schüssel, Kochlöffel, Esslöffel, Handschuhe beim Einkneten der Farbe

Das Mehl und das Salz werden mit dem Öl und der Zitronensäure vermengt. Anschließend wird das (Achtung!) heiße Wasser hinzugegeben und alle Zutaten werden verknetet. Die Knete sollte nicht klebrig und auch nicht bröckelig sein, ggf. wird noch etwas Mehl oder Wasser hinzugegeben.

Mit wenigen Tropfen Lebensmittelfarbe kann die Knete eingefärbt werden.

Die Knete wird den Lernenden angeboten. (Stellen Sie gerne die Farben Gelb und Blau zur Verfügung.)
Diese wird zunächst frei bespielt. Zur Steigerung der Handmotorik bieten sich als geführte Angebote zum Thema „Zoo“ folgende Übungen an:

- Tierfiguren in die Knete drücken und Spuren hinterlassen
- mit den Fingern kleine Löcher als Verstecke in die Knete drücken
- eine lange Schlange mit den Handinnenflächen ausrollen, damit einen Zaun für Tierfiguren bauen
- mit Förmchen Tiermotive ausstechen
- von der Knete kleine Stückchen als Tierfutter abzupfen

Ein besonderes Erlebnis stellt die Materialerfahrung mit dem nicht newtonschen Fluid „Oobleck“ dar. Liegt es lose in der Hand, verhält es sich wie eine Flüssigkeit und läuft herunter. Greift man fest zu oder übt anderweitig Druck aus, verhält es sich wie ein Feststoff und wird hart.
Mit Oobleck lässt sich eine Pinguin-Spiellandschaft als Sensorikwanne gestalten.

TIPP: DIY-Oobleck

Zutaten

- ✔ 4 Tassen Speisestärke
- ✔ 2 Tassen Wasser

Speisestärke und Wasser werden im Verhältnis 2:1 gemischt und danach wird über die Eigenschaft des Gemischs gestaunt. Mögliche Anregung:

„Nehmt einen Klumpen Oobleck in die Hand und drückt fest zu. Nun öffnet die Hand. Was passiert?“

Weiterführende Ideen

- Zuordnungsübungen: Wassertiere auf die blaue Knete, Landtiere auf die gelbe Knete
- Experimente mit Oobleck
- Lernangebote zum Pinguin: Steckbrief und Lebensraum

Mitmachlied

Material

- ✔ Mitmachlied „Komm doch mit ins Papageienland" *(siehe S. 101)*
- ✔ 5 Papageien (Kuscheltiere, Pappfiguren o. Ä.)

Durchführung

Stimmen Sie die Lernenden durch Realgegenstände (Papageienfiguren) auf das Mitmachlied ein und binden Sie sie entwicklungsorientiert ein.
Legen Sie z. B. die Papageienfiguren nacheinander passend zu den Strophen des Liedes. Sind die Schüler*innen mit dem Lied vertraut, kann zu den Strophen auf die Oberschenkel geklatscht werden. Sollte eine motorische Begleitung Ihrerseits notwendig sein, bieten Sie diese respektvoll an.
Als Spielsitzposition bietet sich an, dass der*die Lernende zwischen Ihren Beinen auf dem Boden sitzt und Sie seine*ihre Hände von hinten entwicklungsorientiert führen.

Weiterführende Ideen

- Zählübungen mit Federn u. Ä.
- Lernangebote zu Papageien: Tier-Steckbrief

Nass- und Trockendusche

Material Nassdusche

- ✔ Plantschbecken o. Ä.
- ✔ Wasser, vorbereitet in Gießkanne o. Ä.
- ✔ Spielfigur Elefant (abwaschbar, wassertauglich)
- ✔ Utensilien zum Tränken, z. B. Schwämme
- ✔ Utensilien zum Spritzen, z. B. kleine Spritzflaschen
- ✔ Handtuch zum Abtrocknen

Material Trockendusche

- ✔ Halterung, z. B. runder Kleiderbügel
- ✔ verschiedene Materialien, ausgewählt mit Blick auf Vorlieben des*der Lernenden, z. B. Bänder mit kleinen Glöckchen

1. Nassdusche (Materialerfahrung Wasser)

Der Badetag der Elefanten kann im Nassraum oder im Freien erfahrbar gemacht werden. Die Kinder erleben das Element Wasser. Unter sorgfältiger Beobachtung ihrer Reaktionen (Gefallen? Abwehr?) können sie mit den Händen und Füßen in einem Plantschbecken patschen, abgespritzt werden oder auch ihre Arme abduschen. Elefanten-Tierfiguren werden ebenfalls abgeduscht und/oder mit einem Schwamm geschrubbt.

2. Trockendusche

Elefanten mögen nicht nur Bäder im kühlen Nass, sondern auch Staub- bzw. Sandduschen. Nach Besprechung dieser Verhaltensweise können die Lernenden ebenfalls unter steter Aufsicht eine Trockendusche nehmen.
Zunächst erkunden sie die Trockendusche selbstständig. Sie betrachten und befühlen die Materialien. Die Trockendusche kann auch wie ein Mobile über dem*der auf dem Rücken liegenden Lernenden aufgehängt werden.

Weiterführende Ideen

- Lernangebote zum Thema „Elefanten": Steckbrief und Verhaltensweisen, z. B. Sanddusche gegen Sonne
- Lernangebote zum Lebensraum afrikanische Steppe

Essen und Trinken

Material

Rezept für „Apfelkompott" und dort aufgeführte Zutaten und Utensilien *(siehe S. 102)*

Durchführung

Das Apfelkompott wird anhand des Rezeptes unter entwicklungsorientiertem Einbezug der Lernenden zubereitet und in kleinen Schälchen angereicht.

> **TIPP: Fruchtsauger**
>
> Fruchtsauger können Sie in Drogeriemärkten kaufen. Diese schnullerähnlichen Sauger bestehen aus einem Haltegriff und einem kleinen Behältnis, in welches kleine Stücke Obst oder Gemüse eingelegt werden können. Die Sauger ermöglichen Eigenständigkeit ohne Verschluckungsgefahr, Geschmackserlebnisse und fördern die Mundmotorik durch Saug- und Kaubewegungen.
>
> Eine Nutzung sollte in Absprache mit der Logopädie erfolgen.

Weiterführende Ideen

- Apfelringe schneiden und trocknen
- Lernangebote zum Kernobst Apfel

Gestaltarbeiten

Material

- ✔ deckende Malfarben (grau, rot) und -utensilien
- ✔ feuchter Waschlappen, Handtuch zum Abtrocknen

Zusätzlich für das Handabdruckbild „Elefant"

- ✔ Tonkarton (ca. 200 g/m²) in DIN-A3-Format (hellgelb)
- ✔ schwarzer Filzstift

Zusätzlich für das Druckbild mit Apfelhälften

- ✔ Tonkarton (ca. 200 g/m²) in DIN-A3-Format (hellblau)
- ✔ Apfel
- ✔ Messer mit Schneidebrett
- ✔ ggf. Gabel mit abgerundeten Zinken

Durchführung

Einleitend wird noch einmal an die Fantasiereise „Komm mit in den Zoo!" *(siehe S. 95)* erinnert bzw. diese wiederholt. Elefanten mögen das Bad im Sand und im Wasser. Die Gestaltarbeiten orientieren sich hieran (Handabdruckbild als Elefant im Sand und das Druckbild zeigt die Äpfel im Wasser).

1. Handabdruckbild „Elefant":

Die Handinnenfläche des*der Lernenden wird inklusive Finger vollständig mit grauer, deckender Malfarbe eingepinselt oder die Hand in die Farbe gedrückt. Der Handabdruck erfolgt in der Mitte des Blattes und stellt den Körper des Elefanten dar.
Nach der Trocknung werden Hautfalten, Augen, Ohren und Schwanz mit einem schwarzen Filzstift aufgemalt.

2. Druckbild mit Apfelhälften:

Der Apfel wird in zwei Hälften geschnitten. Eine Hälfte wird als Stempel genutzt und in rote, deckende Malfarbe getaucht. Kann der*die Lernende die Apfelhälfte schwer in den Händen halten, kann eine eingestochene Gabel als Griff genutzt werden.
Der Apfel wird mehrmals auf das Papier gedruckt.

Weiterführende Ideen

- Zählbilder herstellen (auf sechs hellblaue Tonkartone ein, zwei ... sechs Äpfel drucken) und Zahlkarten zuordnen
- Einbezug des Bilderbuchs „Elmar“ von David McKee und Gestaltung bunter Elefanten mit Handabdruck

Massagegeschichte

Material

- ✔ Massagegeschichte „Badetag“ *(siehe S. 103)*
- ✔ Schwamm

Durchführung

Lesen Sie die Massagegeschichte langsam vor und führen beim zweiten Durchgang die angegebenen Massagegriffe aus.

Weiterführende Ideen

- Verben finden und schreiben: „Was tun Elefanten gerne?“
- Lernangebot zum Treiben an Wasserlöchern in der afrikanischen Savanne

Beobachtungsbogen zum Sinnespfad „Erlebnisse im Zoo“

Name: .... **Schuljahr, Klasse:** ....

Der*die Lernende ...	1. Beobachtung	2. Beobachtung
➜ zeigt besondere (kommunikative) Aktivität bei:		
Fantasiereise mit Führling „Komm mit in den Zoo!“		
➜ lauscht intensiv		
➜ zeigt (besonderes) Interesse am Material		
Weiteres:		
Materialerfahrung Knete und Oobleck		
➜ zeigt Gefallen am Material Knete		
➜ hält das Material fest/knetet		
➜ zeigt Gefallen am Material Oobleck		
Weiteres:		
Mitmachlied „Komm doch mit ins Papageienland“		
➜ zeigt erhöhte Eigenaktivität – was? Wann?		
➜ patscht mit den Händen auf die Schenkel		
Nassdusche (Materialerfahrung Wasser)		
➜ liegt, sitzt, patscht im warmen Wasser		
➜ mag es, abgespritzt zu werden		
Weiteres:		
Trockendusche		
➜ zeigt sich visuell aufmerksam/fixiert		
➜ zeigt Augenfolgebewegungen		
➜ zeigt Erkundungshandlungen (z. B. Bewegungsversuche zum Objekt)		
➜ zeigt basale Taststrategien (z. B. Darüberstreichen)		
Weiteres:		
Essen und Trinken – Apfelkompott		
➜ kaut		
➜ zeigt Gefallen am Geschmack		
Weiteres:		
Gestaltarbeiten – Handabdruck und Apfeldruck		
➜ akzeptiert das Einstreichen und die Farbe auf der Haut		
➜ druckt		
Weiteres:		
Massagegeschichte „Badetag“		
➜ zeigt Wohlgefallen, besonders bei ...		
Weiteres:		

Kurzverschriftung der Beobachtungen: häufig ++ / gelegentlich + / selten o / nicht beobachtbar n. b.

Ein Papagei

Musikalische Bearbeitung und Text:
Lucas A. E. Schmidt

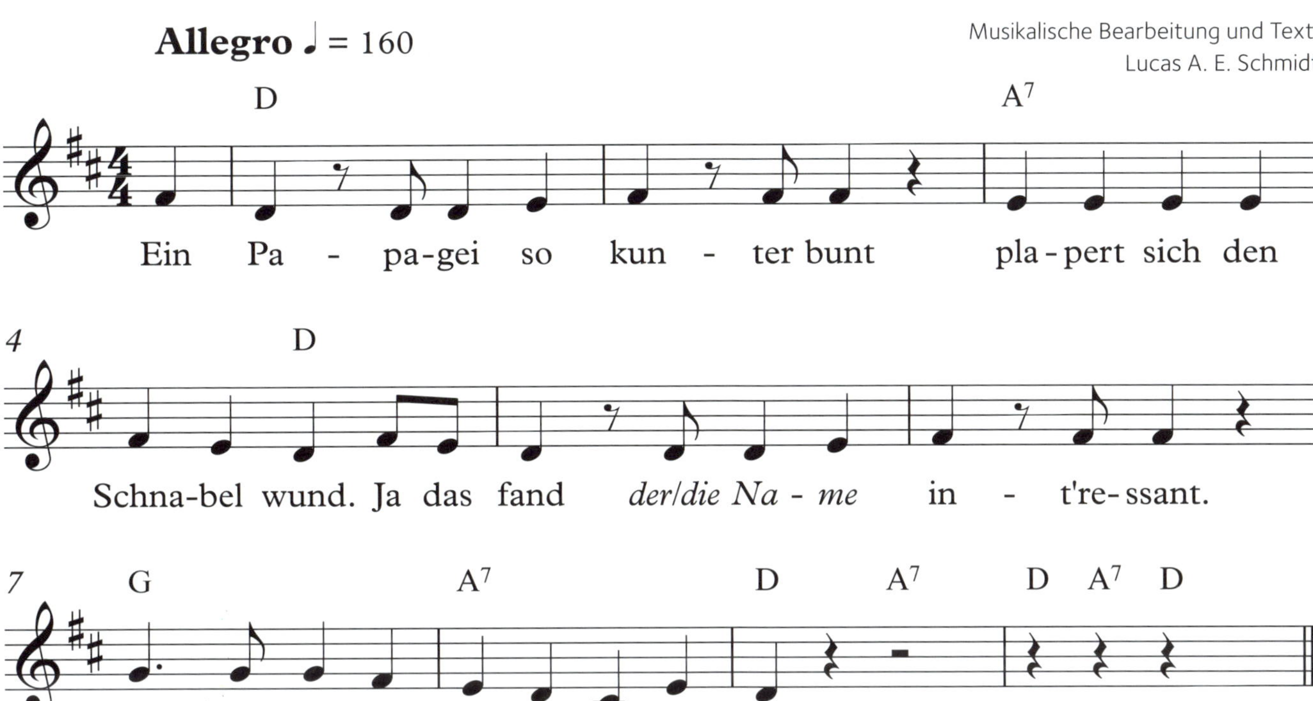

Hier können Sie das Lied anhören:

https://cloud.verlagruhr.de/login-lerninhalt/f90PzsXWSgEq
Passwort:
VadR_2022/10_SZBF

2) Zwei Papageien so kunterbunt
plappern sich die Schnäbel wund.
Ja das fand der/die *(Name nennen)* int'ressant.
Komm doch mit ins Papageienland.

3) Drei Papageien so kunterbunt
plappern sich die Schnäbel wund.
Ja das fand der/die *(Name nennen)* int'ressant.
Komm doch mit ins Papageienland.

*(weitere Strophen fortsetzen, bis alle Schüler*innen der Klasse einmal genannt wurden)*

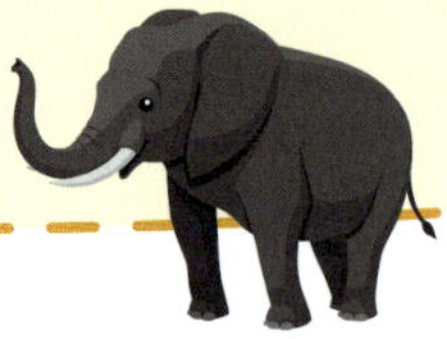

Apfelkompott (für 4 Personen)

Zutaten

Anleitung

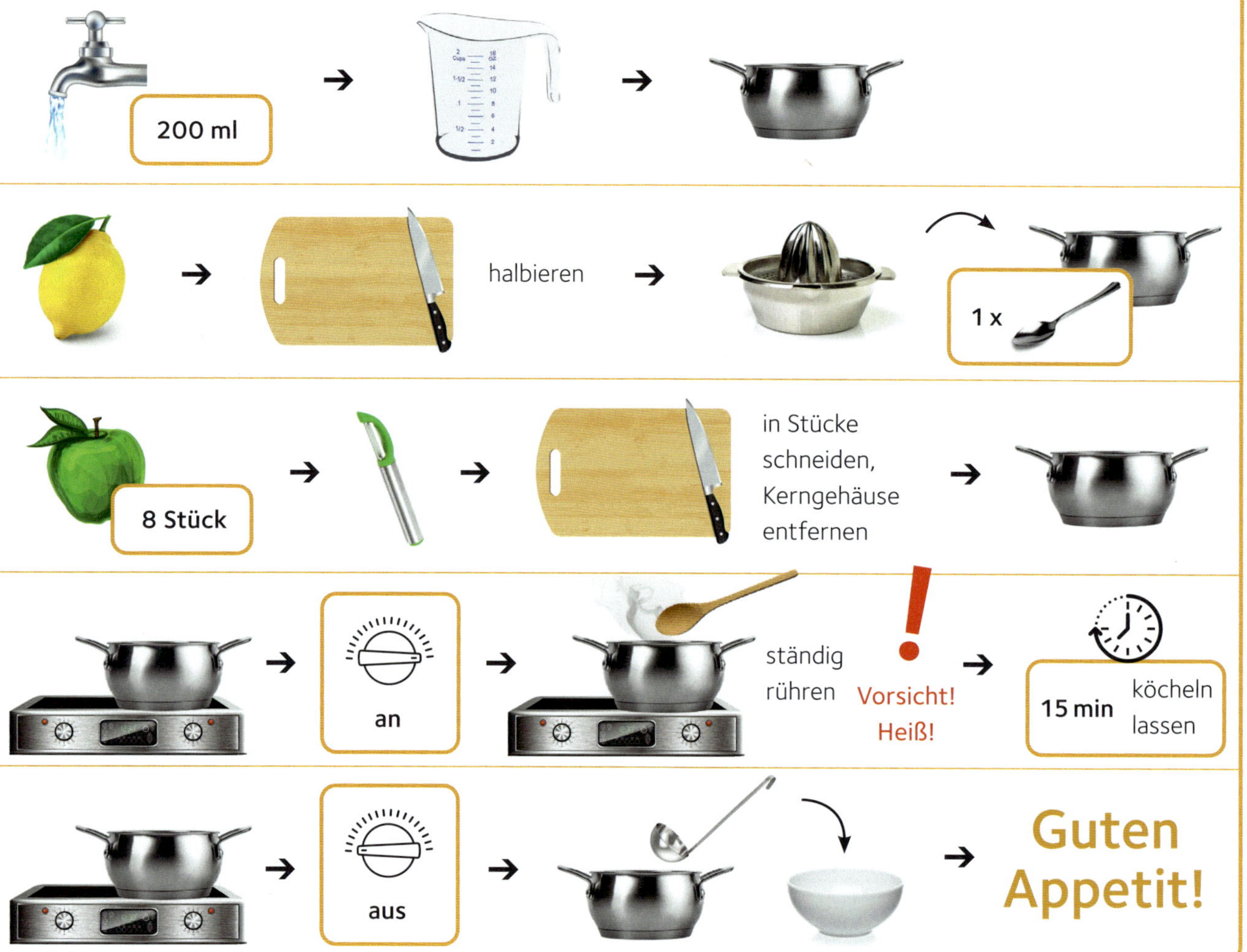

200 ml → →

→ halbieren → 1 x

8 Stück → → in Stücke schneiden, Kerngehäuse entfernen →

→ an → ständig rühren ! Vorsicht! Heiß! → 15 min köcheln lassen

→ aus → → **Guten Appetit!**

Badetag

Bauchlage empfohlen

Du kannst die Augen schließen.
Komm mit zu den Elefanten!
Heute ist Badetag. Elefanten lieben es!
(mit der flachen Hand den Rücken sanft abreiben)

Sie gehen gerne ins Wasser und können gut schwimmen. Dazu bewegen sie alle vier Beine.
(mit den flachen Händen in etwas schnelleren Kreisbewegungen sanft über den Rücken reiben)

Total viel Freude macht es den Elefanten, wenn sie sich mit Wasser abspritzen.
Dazu nutzen sie ihren Rüssel. Pass auf, dass dich keine Wassertropfen treffen!
(mit den Fingern sanft über den Rücken tupfen)

Als Schutz vor der Sonne und Mücken suhlen sich die Elefanten nach dem Wasserbad noch gerne im Schlamm oder wälzen sich im Sand.
(mit der Handfläche in Drehbewegungen sanft über den Rücken reiben)

Achtung, manchmal werfen sie auch den Sand mit dem Rüssel im hohen Bogen über ihren Rücken!

(mit beiden Händen gleichzeitig von der Hüfte über die Schultern streichen)

Zum Schluss scheuern sich die Elefanten gerne am Baum.
Schlamm, Sand und auch Parasiten werden so entfernt.
(mit einem Schwamm den Rücken sanft abreiben)

Das Baden ist zu Ende und macht hungrig.
Gemütlich suchen sich die Elefanten saftiges Gras zum Fressen.
(mit den Händen immer abwechselnd sanft über den Rücken marschieren)

Sinnespfad „In der Stadt“
Spielreim
mit Tastbrett
„Alle meine Fingerlein …“
Softbausteine
(bauen und staunen)
Wasserspiele
mit der Feuerwehr
(mit Wasser und Spielschaum
spritzen und matschen)
Taktile
Bodenmarkierungen
Essen und Trinken
(Pflaumenmarmelade)
Gestaltarbeiten
(Druckbild mit Textilfarbe
„Feuer und Wasser“,
Klebebild „Häuser“)
Sinnesgeschichte
„Auf dem Marktplatz“

Sinnespfad „In der Stadt"

Das Thema „Stadt" ist für alle Kinder lebensnah, auch wenn sie möglicherweise in einem Dorf leben. Erfahrungsgemäß sind einige für die Stadt typischen Dinge, wie z. B. eine Straßenbahn, jedoch nicht allen Lernenden bekannt. Aus diesem Grund stehen bei dem folgenden Sinnespfad Teilbereiche im Fokus, die alle Kinder kennen: Häuser, Straßen, Feuerwehr und Marktplatz.

Mit diesem Sinnespfad kann man Verbindungen zu anderen Themen schaffen, u. a. zu verschiedenen Freizeit- und Kultureinrichtungen. Folgende Lernbereiche lassen sich darüber hinaus verknüpfen:

- **Natur und Umwelt (Stadtklima, Umweltschutz)**
- **Mathematik (Orientierung im Raum, Umgang mit Geld)**
- **Deutsch**
- **Selbstversorgung**
- **Wahrnehmung und Gestalten**

Spielreim mit Tastbrett

Material

- ✔ nachfolgender Spielreim „Alle meine Fingerlein" *(siehe rechte Spalte)*
- ✔ DIY-Tastbrett, gestaltet mit Heißkleber, einer stabilen (Holz-)Platte und verschiedenen Utensilien (Spielautos, kleine Häuser usw.)
- ✔ CD mit Stadtgeräuschen, CD-Player oder alternatives Abspielgerät, ggf. Toniebox-tonies *(Bezugsmöglichkeiten für Geräusche siehe S. 7)*

Durchführung

Führen Sie lerngruppenangepasst in das Thema ein. Die Lernenden können sich z. B. in einer Sitzposition befinden und hören von ihrem Sitzplatz vertraute Stimmen sowie Stadtgeräusche. Sie erhalten Zeit, sich mit den verschiedenen Tastangeboten auseinanderzusetzen. Als ergänzendes Angebot kann sie der folgende Spielreim bei der Erkundung des Tastbretts begleiten.

<u>Spielreim:</u>

Alle meine Fingerlein …

Alle meine Fingerlein
laufen in die Stadt hinein.
Sie sehen Häuser, sehen Autos.
In der Stadt, da ist was los!
Überall kann man was entdecken,
hier und dort – in allen Ecken!

Weiterführende Ideen

- Lernangebot zur Frage „Was ist eine Stadt?"
- Lernangebote zum Schulort: Verkehrswege und Einrichtungen

Softbausteine

Material

Softbausteine

Je nach Lerngruppe zusätzlich

- ✔ Fotos von Bauten, die aus den Softbausteinen nachgebaut werden können
- ✔ CD mit passender Musik, CD-Player oder alternatives Abspielgerät, ggf. Toniebox-tonies

Durchführung

Aus Softbausteinen werden Türme und Häuser gebaut. Auf die motorischen Kompetenzen abgestimmt, können Sie den Lernenden verschiedene Angebote unterbreiten, z. B. unter einer gebauten Brücke hindurchkriechen.

Mithilfe von Fotos können gemeinsam kleine Bauten nach Plan errichtet werden.
Besondere Freude macht es vielen Lernenden, wenn sie laufend oder im Rollstuhl fahrend Bauten aus Softbausteinen einstürzen lassen können. Untermalen Sie die Aktion mit passender Musik zum Thema.

Weiterführende Ideen

- Würfelbauten (Geometrie)
- Zählübungen (Bauten aus einer bestimmten Anzahl an Bausteinen)

Wasserspiele mit der Feuerwehr

Material

- ✔ Material zum Abdecken der Tischplatten z. B. Wachstischdecken
- ✔ Materialien je nach ausgewähltem Spiel (gemäß den nachfolgenden Spielanleitungen)
- ✔ Handtücher zum Abtrocknen, Wischlappen

Durchführung

Nach Behandlung des Themas „Feuerwehr“ können Sie mit den Lernenden kleine Wasserspiele durchführen. Die Durchführung bietet sich im Freien an, kann aber auch im Klassenraum realisiert werden. Zum Thema „Feuerlöschen mit Wasser und Schaum“ eignen sich die folgenden Spiele:

TIPP: DIY-Spielschaum

Zutaten

- ✔ 100 ml Wasser
- ✔ 2 EL Spülmittel
- ✔ 1 EL feines Mehl
- ✔ Schüssel, Mixer
- ✔ wasserfeste Wanne oder Unterlage, ggf. auch Spiegel
- ✔ ggf. Becher, Feuerwehrspielauto

Wasser, Spülmittel und Mehl werden mit dem Mixer auf höchster Stufe gemixt, bis ein Spielschaum entsteht.
Dieser bietet ein besonderes taktiles Erlebnis (Der Spielschaum darf nicht oral erkundet werden!). Er kann mit den Händen verrieben oder auch in Behältnisse gefüllt werden. Ein Feuerwehrauto kann ebenfalls hindurchfahren. Das Verreiben des Schaumes auf einer Spiegelplatte ist eine weitere Fördermöglichkeit im Bereich der Wahrnehmung.

Feuer löschen

- ✔ Flammen aus Pappe Beispielfoto S. 107 *(Umrisse von Feuer z. B. S. 108)* vergrößert zeichnen, rot ausmalen und ausschneiden
- ✔ Sprühflasche und ggf. Duschbadflaschen, gefüllt mit blau eingefärbtem Wasser
- ✔ Tonkarton (ca. 200 g/m²) in DIN-A5-Format (weiß)
- ✔ einige Klebestreifen

Die Flammen werden auf den weißen Tonkarton gelegt und mit Klebeband fixiert. Das Feuer wird mithilfe der Sprühflaschen bespritzt und „gelöscht“. Die Lernenden sind dabei entwicklungsorientiert eingebunden.
Neben Sprühflaschen eignen sich auch ausgewaschene Duschbad- oder Honigflaschen, die ausgedrückt werden können.

Weiterführende Ideen

- Lernangebote zur Feuerwehr
- Lernangebote zur Notrufwahl

Taktile Bodenmarkierungen

Material

- Materialien der Fußgänger- oder Radfahrübungsstationen
- stabile Pappen mit Schere/Cuttermesser oder Holzplatten mit Säge
- Heiß- und Bastelkleber
- verschiedenes Fühlmaterial, z. B. Stoffreste, Nudeln, Pompons, Rindenmulch

Durchführung

An Kindereinrichtungen werden regelmäßig Verkehrstage durchgeführt, bei denen das Verhalten als Fußgänger*in und Radfahrer*in an Stationen (z. B. Überqueren des Zebrastreifens) eingeübt wird. Um Lernende mit intensiverem Förderbedarf in das Verkehrstraining einzubeziehen, können Stationsschilder als Hilfen aufgestellt und am Boden Markierungen in Fußform angebracht werden. Diese Fußformen können später zur taktilen Stimulation der Fußsohlen genutzt werden. Die Lernenden können sich daraufstellen oder sie werden unter die (nackten) Füße ins Fußteil des Rollstuhls eingelegt. Hygienebestimmungen sind zu beachten.

Weiterführende Ideen

- Lernangebote zum Fußgänger- oder Radfahrführerschein
- Spiele zur Orientierung im Raum
- Wegbeschreibungen

Essen und Trinken

Material

Rezept für „Pflaumenmarmelade“ und dort aufgeführte Zutaten und Utensilien *(siehe S. 110)*

Durchführung

Die Pflaumenmarmelade wird anhand des Rezeptes unter entwicklungsorientiertem Einbezug der Lernenden zubereitet. Die Pflaumen sind durch beliebiges anderes Obst ersetzbar.

Weiterführende Ideen

- Lernangebote zum Haltbarmachen und zur Lagerung von Lebensmitteln
- Lernangebote zum Steinobst Pflaume

Gestaltarbeiten

Material

- deckende Malfarben und -utensilien
- feuchter Waschlappen, Handtuch zum Abtrocknen

Zusätzlich für das Klebebild „Häuser“

- Tonkarton (ca. 200 g/m²) in DIN A5 (schwarz, rot)
- Buntpapier und Schüssel oder anderer Behälter, ggf. für besondere Effekte Transparentpapier
- Schere (oder Prickelutensilien), Lineal
- breites Klebeband oder Buchbindefolie

Zusätzlich für das Druckbild „Feuer und Wasser“

- Vorlagen „Tropfen“ und „Feuer“ in selbst gewählter Größe *(siehe Abbildungen S. 108)*
- heller Stoff zum Bedrucken, z. B. T-Shirt, Baumwolltasche
- Textil-Fingerfarbe (blau, rot)
- Schere
- 2 Schwämme mit Schälchen
- Bügeleisen, Bügelunterlage

Durchführung

Ergänzend zu den Themen „Häuser in der Stadt“ und „Feuerwehr“ können Sie die folgenden Gestaltarbeiten anbieten.

1. Klebebild „Häuser“

Aus schwarzem Tonkarton wird ein Rechteck ausgeschnitten oder ausgeprickelt, sodass ein Rahmen mit Stärke ca. 3 cm entsteht. Breites Klebeband wird von einer zur anderen Seite des Rahmens gezogen, sodass die Mitte mit Klebeband ausgefüllt ist. Das Buntpapier (oder Transparentpapier) wird in Schnipsel gerissen. Für eine eher feinmotorische Übung werden diese Schnipsel einzeln auf das Klebeband gelegt. Für eine eher grobmotorische Variante werden die Schnipsel in einer Schüssel o. Ä. gesammelt und dann über dem Klebeband ausgeschüttet.
Die farbigen Schnipsel bleiben am Klebeband haften. Mit einem roten Dach aus Buntpapier ergibt sich daraus ein schönes Haus, das am Fenster angebracht werden kann.

2. Druckbild mit Textilfarbe „Feuer und Wasser“

Im Handel gibt es spezielle Textil-Fingerfarben zu erwerben, mit denen sich Stoffe bedrucken lassen. Schneiden Sie die Schwämme in Form eines Regentropfens und Flammen zurecht (siehe Abbildung).

Die Lernenden tauchen die Schwammformen in die Textilfarbe und bedrucken damit den Stoff. Auch aus einem roten Handabdruck lässt sich ein Feuer ausgestalten. Nach der Trocknung wird die Farbe vor dem Waschen gemäß der Anleitung auf der Textilfarbe (meist durch Bügeln) fixiert.

Weiterführende Ideen

- Lernangebote zum Zählen, zur Reihenbildung und Farbzuordnung farbiger Häuser
- Ein Bild eines in Flammen stehendes Hauses wird einlaminiert und als Klettvorlage genutzt. Mit darauf gekletteten Wassertropfen wird das Haus sinnbildlich gelöscht.

Sinnesgeschichte

Material

- ✔ Sinnesgeschichte „Auf dem Marktplatz“ *(siehe S. 111)*
- ✔ Sprechtaste o. Ä., bespielt mit Sirenengeräusch
- ✔ Sprechtaste o. Ä., bespielt mit Straßen- und Motorengeräuschen *(Bezugsmöglichkeiten für Geräusche siehe S. 7)*
- ✔ verschiedene Säfte mit individuellen Trinkhilfen *(Hinweise S. 14/15)*

Durchführung

Lesen Sie die Sinnesgeschichte langsam vor und spielen Sie die angegebenen Geräusche ab. Am Ende der Geschichte verkosten die Lernenden verschiedene Säfte.

Weiterführende Ideen

- Lernangebote zum Geschmackssinn
- Rechnen mit Geld (Verkaufsstand)

Beobachtungsbogen zum Sinnespfad „In der Stadt"

Name: .... Schuljahr, Klasse: ....

Der*die Lernende ...	1. Beobachtung	2. Beobachtung
→ zeigt besondere (kommunikative) Aktivität bei:		
Spielreim mit Tastbrett „Alle meine Fingerlein ..."		
→ zeigt basale Taststrategien (z. B. Darüberstreichen)		
→ zeigt (besonderes) Interesse an ...		
Weiteres:		
Softbausteine		
→ zeigt Gefallen am Bauen (beobachtet, zeigt sich eigenaktiv ...)		
→ reagiert bei Einsturz der Bauten ...		
Weiteres:		
Wasserspiele mit der Feuerwehr		
→ zeigt erhöhte Eigenaktivität – was? Wann?		
→ zeigt Gefallen am Element Wasser		
→ zeigt Gefallen am Material Spielschaum		
Taktile Bodenmarkierungen		
→ berührt mit den Füßen		
→ steht auf den taktilen Bodenmarkierungen		
→ zeigt besonderes Interesse am Material ...		
Weiteres:		
Essen und Trinken – Pflaumenmarmelade		
→ zeigt Gefallen am Pflaumengeschmack		
Weiteres:		
Gestaltarbeiten – Klebebild und Druckbild mit Textilfarbe		
→ akzeptiert das Material Klebeband		
→ reißt		
→ akzeptiert die Malfarbe auf der Haut		
→ druckt mit Schwamm		
→ druckt mit den eigenen Fingern		
Weiteres:		
Sinnesgeschichte „Auf dem Marktplatz"		
→ lauscht (intensiver) – wann?		
→ akzeptiert laute Geräusche		
→ zeigt bei den Säften Vorlieben		
Weiteres:		

Kurzverschriftung der Beobachtungen: häufig ++ / gelegentlich + / selten o / nicht beobachtbar n. b.

Pflaumenmarmelade

Zutaten

Anleitung

1 kg → waschen → halbieren, Kerne und Stiele entfernen →

→ halbieren → 2 x

Gelier-
zucker

500 g → → an →

→ an → Vorsicht! Heiß! → 4 min köcheln

→ aus → →

Guten Appetit!

Auf dem Marktplatz

Du kannst die Augen schließen.
Komm mit zum Marktplatz!
Es ist Dienstag, Markttag in unserer Stadt.
An unserem Lieblingsstand wird es heute wieder frisches Obst und Gemüse geben, also los!
Wir gehen zu Fuß und kommen auf unserem Weg zum Marktplatz am Stadtpark vorbei und überqueren zwei Straßen.

(Straßengeräusche, Autos
➔ CD-Player, Sprechtaste o. Ä.)

Fast am Marktplatz angekommen, wird es noch einmal aufregend. Hörst du die Sirene?
Die Feuerwehr hat einen Einsatz und fährt mit Sirene an uns vorbei.

(Sirene ➔ CD-Player, Sprechtaste o. Ä.)

Endlich auf dem Markt angekommen, gibt es so viel zu sehen.
An verschiedenen Ständen werden schöne und leckere Dinge verkauft, zum Beispiel Blumen, Wurst, Käse, frische Eier, Obst und Gemüse.
Die Frau vom Obststand hat heute Äpfel im Angebot.

(*„Äpfel, leckere Äpfel! Heute der große Beutel nur drei Euro!"*
➔ gesprochen, Sprechtaste o. Ä.)

Wir nehmen einen großen Beutel von den Äpfeln mit. Den Pflaumen, Birnen und Weintrauben können wir nicht widerstehen und packen auch welche dazu.
Die Frau vom Obststand lässt uns auch ihre selbst gepressten Säfte probieren.
Lecker! Welcher Saft schmeckt dir am besten?

(verschiedene Säfte zum Probieren anbieten, z. B. Apfelsaft, Kirschsaft, Bananensaft, Saft-Mix, u. a. „Kiba" [Kirsch-Banane])

Medientipps

Literatur

Fröhlich, Andreas:
Basale Stimulation: Ein Konzept zur Arbeit mit schwer beeinträchtigten Menschen.
7. Auflage.
Verlag selbstbestimmtes Lernen: Düsseldorf, 1991
ISBN 978-3-9100-9598-4

Omonsky, Claudia:
Schüler mit schwerer und mehrfacher Behinderung im inklusiven Unterricht. Praxistipps für Lehrkräfte.
Ernst Reinhardt Verlag: München, 2017
ISBN 978-3-4970-2679-1

Musik/Geräusche

Jöcker, Detlev:
Lieber Frühling, lieber Sommer. Neue, sonnige Lieder zum Singen, Spielen und Lachen.
Menschenkinder Verlag: Münster, 1993
ISBN 978-3-9274-9779-5

Preuß, Carola; Ruge, Klaus:
Geräusche auf dem Bauernhof: 28 Bildkarten mit Audio-CD & MP3-Download zum Hörverstehen - akt. Neuauflage
Verlag an der Ruhr: Mülheim an der Ruhr, 2023
ISBN 978-3-8346-6267-5

Preuß, Carola; Ruge, Klaus:
Alltagsgeräusche als Orientierungshilfe: 28 Bildkarten mit Audio-CD & MP3-Download zum Hörverstehen
Verlag an der Ruhr: Mülheim an der Ruhr, 2025
ISBN 978-3-8346-6800-4

Wassergeräusche-Spiel: Geräusche-CD mit 24 Bildkarten.
Verlag an der Ruhr: Mülheim an der Ruhr, 1998
ISBN 978-3-8607-2043-1

Bildnachweis

Shutterstock.com:
Gänseblümchen © Sunnydream S. 18, 19, 20, 21, 74
Mehl © Spreadthesign S. 18, 51
Salz © Andrei Kuzmik S. 18, 40, 51, 83
Wasserhahn © Airin.dizain S. 18, 20, 29, 71, 83, 92, 102, 110
Ölflasche © AlenKadr S. 18, 71, 92
Blüten © Sunnydream S. 18
Tasse © Ekaterina43 S. 18
Schüssel © keerati S. 18, 51, 62, 83, 84, 92
Löffel © FabrikaSimf S. 18, 40, 51, 62, 71, 83, 92, 102, 110
Teigrolle © ajt S. 18, 51
Ausstecher © Kaiskynet Studio S. 18, 51
Backblech © Anydudl S. 18, 51
Teig ausgerollt © S_Photo S. 18, 51
Backofen © Real Vector S. 18, 51
Rinde © Ermak Oksana S. 19
Kleeblatt © OlgaKot17 S. 19
Erde © domnitsky S. 19
Stein © AnotherPerfectDay S. 19
Stock © Ilina93 S. 19
Gras © Galyna Syngaievska S. 19
Schneckenhaus © Kanea S. 19
Blatt © srisakorn wonglakorn S. 19
Pfirsich © Anna Kucherova S. 20
Zitrone © Maks Narodenko S. 20, 83, 102, 110
Wasserkocher © Macrovector S. 20
Brett/Messer © Andrey Chuprinov S. 20, 29, 71, 83, 92, 102, 110
Teebeutel © New Africa S. 20
Messbecher © Volosovich Igor S. 20, 29, 40, 62, 71, 102
Kanne © Lost in the past S. 20
Minze © Natali Zakharova S. 20
Kippschalter © PainterMaster S. 20, 29, 62, 71, 110
Schneeflocke/Uhr © Nadiinko S. 20, 51
Eiswürfel © Valentyn Volkov S. 20
Amsel © Eric Isselee S. 21
Nest © Olzas S. 21
Klangschale © Gabriele Rohde S. 21, 38, 50, 84
Klangholz © lamnee S. 21, 84
Muscheln © KrimKate S. 28-30 (Kopf)
Seestern © iD_studio S. 26 (Foto), 28
Luftmatratze © KatyaNesterova S. 26 (Foto), 28
Orangensaft © creatOR76 S. 29
Banane © Ian 2010 S. 29, 71
Erdbeeren © Valentyn Volkov S. 29
Waage © doomu S. 29, 51
Mixer © Sergey85 S. 29, 71, 110
Glas/Smoothie © Nsit S. 29
Strand-Illustrationen © chiroo S. 30
Herbstblätter © ElenaPhotos S. 37-41
Herbstillustrationen © CloudyStock S. 37, 38, 41, 53
Igel © besunnytoo S. 35 (Foto), 39
Milch © CastecoDesign S. 40
Grieß © Spreadthesign S. 40
Zucker © WinWin artlab S. 40, 51, 62
Vanillezucker © Alfmaler S. 40
Kochtopf © AlenKadr S. 40
Schneebesen © Pooh Yuphayao S. 40, 92, 110
Kelle © doomu S. 40, 102, 110
Teller © AlenKadr S. 40, 92
Herd © Real Vector S. 40, 102, 110
Drehschalter © FUNTas S. 40, 51, 92, 102, 110
Uhr © Nadiinko S. 20, 40, 51, 102, 110
Handschuhe © Olga Popova S. 49-53
Schneeflocke © Kichigin S. 49, 50, 53
Tamburin © GoodStudio S. 50, 84
Zeitungspapier © Roman Borodaev S. 50
Butter © Natykach Nataliia S. 51, 83, 92
Kekse © Africa Studio S. 51
Eichhörnchen © Panda Vector S. 47 (Foto), 52
Regenbogen © Turkan Rahimli S. 60-63
Wettersymbole © Turkan Rahimli S. 60, 63
Malvorlage Regenbogen © johavel S. 61
Quark © Nor Gal S. 62
Sahnebecher © Luis Line S. 62
Mandarinen © Jiri Hera S. 62
Schokolinsen © Jordan Wende S. 62
Handrührgerät © Karolina Semenova S. 62
Sieb © Anton Starikov S. 62
kleine Schüssel © Michaelvbg S. 62, 102
Schneeflocke © Nadiinko S. 62, 83
Schmetterlinge © Jut S. 70-74,
Wiese/Gras © Nick To S. 70, 73, 74, 90
Marienkäfer/Spinne © OlgaChernyak S. 70
Äpfel/Apfelsaft © Macrovector S. 71
Spinat © Natali Zakharova S. 71
Glas © Nsit S. 71
Smoothie © Kitamin S. 71
Blumen © johavel S. 66 (Foto), 72
Insekten © OlgaChernyak S. 73
Regenwurm © Hennadii H S. 73
Schmetterlinge hellbraun/orange © OlgaChernyak S. 74
brauner Vogel © Skamai S. 78 (Foto), 81-84
Rabe & weitere Vögel © Skamai S. 78 (Foto), 81, 82, 84
Blätter © Siamil Desain S. 81, 84
Knoblauch © Happy Author S. 83
Petersilie © Nataliia K S. 83
Basilikum © GSDesign S. 83
Knoblauchpresse © Vadym Zaitsev S. 83
Zitronenpresse © JIANG HONGYAN S. 83, 102, 110
Triangel © Elena Istomina S. 84
Huhn & Küken © Spreadthesign S. 90-93
Tiere (Huhn, Hahn, Kuh, Schwein, Pferd, Schaf) © Spreadthesign S. 90, 93
Katze © Polina Tomtosova S. 93
Hund © curiosity S. 90, 93
Eier/Ei © Pineapple studio S. 90, 92
Tierspuren (Hund, Pferd, Kuh, Schaf, Huhn) © Vector Tradition S. 88 (Foto), 91
Tierspur (Schwein) © simplevect S. 88 (Foto), 91
Schnittlauch © Scisetti Alfio S. 92
Salz/Pfeffer © Andrei Kuzmik S. 92
Pfanne (Draufsicht) & Pfannenwender © Freer S. 92
Pfanne (Seitenansicht) © Dmitrij Skorobogatov S. 92
Pfannenwender © Dan Dragos S. 92
Elefant & Papagei © Spreadthesign S. 101
Elefant © Spreadthesign S. 102, 103
Elefanten am Wasser © BlueRingMedia S. 103
Stadt © Hanaha S. 110, 111
Pflaume © Maks Narodenko S. 110
Gelierzucker © WinWin artlab S. 110
großer Topf © Evgeny Karandaev S. 110
Marmeladenglas © Wichien Tepsuttinun S. 110
Marktstand © Iconic Bestiary S. 111